Jürgen Ritsert

Charakter, Person und Subjektivität

Gesellschaftsforschung und Kritik

Herausgegeben von
Albert Scherr | Stefan Müller

Die Reihe „Gesellschaftsforschung und Kritik" bietet einen Ort für theoretische und empirische Analysen, die auf die Weiterentwicklung kritischer Gesellschaftsforschung zielen. Als grundlegendes Kennzeichen kritischer Gesellschaftsforschung gilt dabei das Interesse an der Frage, wie soziale Problematiken mit der Grundstruktur der Gegenwartsgesellschaft zusammenhängen. Die Reihe ist für Beiträge aus unterschiedlichen sozialwissenschaftlichen Theorietraditionen offen und steht für eine multiperspektivische Programmatik der Kritik.

Jürgen Ritsert

Charakter, Person und Subjektivität

Zur Philosophie der Subjektivität

Der Autor

Jürgen Ritsert, Dr. rer. pol., Jg. 1935, ist emeritierter Professor im FB Gesellschaftswissenschaften der J.W.-Goethe-Universität in Frankfurt/Main. Seine Arbeitsschwerpunkte sind Sozialphilosophie, Gesellschaftstheorie und Logik der Sozialwissenschaften.

Dieses Buch ist erhältlich als:
ISBN 978-3-7799-8509-9 Print
ISBN 978-3-7799-8510-5 E-Book (PDF)
ISBN 978-3-7799-8511-2 E-Book (ePub)

1. Auflage 2024

Herstellung: Myriam Frericks
Satz: xerif, le-tex
Druck und Bindung: Beltz Grafische Betriebe, Bad Langensalza
Beltz Grafische Betriebe ist ein klimaneutrales Unternehmen (ID 15985–2104-100)
Printed in Germany

Weitere Informationen zu unseren Autor:innen und Titeln finden Sie unter: www.beltz.de

Inhalt

Kapitel 1

Charakter und Charaktermaske

Empirische Charaktere

Der Begriff „Charakter" stammt aus dem Griechischen und bezeichnet ursprünglich den Prägestock im Münzwesen. Dem Silber des Obolus wurden beispielsweise Bilder und Schriftzeichen, im Stadtstaat Athen das Bild einer Eule eingeprägt. Etwas wird also einem bestimmten Stoff aufgedrückt. Das Wort „Charakter" bezeichnet zudem die *Eigenart* oder *Wesenszüge* von irgendetwas oder irgendjemandem. Etwas hat sich einem menschlichen Individuum als ein dauerhaftes Merkmal eingeprägt und wird zu einem zeitbeständigeren Wesenszug seines Denkens und Handelns. Typologien, welche solche allgemein-menschlichen Wesensmerkmale erfassen sollen, gibt es schon früh in der Geschichte der Menschheit. Bei Aristoteles finden sich einerseits die *„dianoetischen* Tugenden" (Verstandestugenden) wie Klugheit oder Vernunft. Andererseits führt er eine ganze Reihe von spezifischen Charaktertugenden an. „Wir sprechen nämlich teils von Vorzügen des Verstandes (dianoetische Tugenden), teils von Vorzügen des Charakters."[1] Aristoteles' Zusammenstellung von Vorzügen der Menschen in seiner „Nikomachischen Ethik" beinhaltet z. B. die *Tapferkeit.* Sie bedeutet für ihn die „Mitte" zwischen „Anwandlungen von Angst und Verwegenheit."[2] Die *Besonnenheit* stellt die ausgleichende Mitte zwischen den Extremen Lust und Unlust dar. Die *Großzügigkeit* ist als Mitte zwischen Verschwendung und Geiz beim Umgang mit Geld zu verstehen. Er führt eine ganze Reihe weiterer Charaktertugenden an, zu denen auch die *Gerechtigkeit* gehört. An der Spitze steht jedoch die Tugend aller Charaktertugenden, die *sophia,* also die Weisheit als Prinzip einer tugendhaften Lebensführung.

Einer der bekanntesten Ärzte in der griechischen Antike war Hippokrates von Kos (ca. 460–370). Der hippokratische Eid legt die Ärzteschaft noch heutzutage auf bestimmte ethische Grundnormen wie Schweigepflicht und Behandlung von Patienten nach bestem Wissen und Gewissen fest. Von ähnlichem Rang und nachhaltigem Einfluss sind später dann die Schriften des Arztes und Medizintheoretikers Galenos von Pergamon (ca. 129 bis zwischen 199 und 216). Die Terminologie seiner an Hippokrates anschließende Lehre von den vier Temperamenten ist bis auf den heutigen Tag im selbstverständlichen Gebrauch. *Temperamentum* bedeutet im Lateinischen so viel wie das rechte Maß oder den Mittelweg, aber auch eine Mischung z. B. von Säften. „Temperament" liest sich heutzutage eher als Lebhaftigkeit, Schwung, extrovertierte Energie. Es kann aber auch ganz allgemein eine bestimmte Art des Handelns aufgrund bestimmter Charakterzüge gemeint sein. In diesem letzteren Sinn hat Galen vier Temperamente unterschieden und seine bekannte Einteilung von Charakterzügen vorgenommen. Galens vier Qualitäten des Temperaments sind:

- Melancholisch.
- Cholerisch.
- Sanguinisch.
- Phlegmatisch.

Es gibt in der Gegenwart eine Reihe von Versuchen, mit den Mitteln empirischer Untersuchungen komplexere Listen von Wesenszügen des Menschen aufzustellen. Ein bekanntes Beispiel dafür liefern die sog. „big five." Das sind:

- Offenheit (für Erfahrungen).
- Gewissenhaftigkeit.
- Extraversion.
- Verträglichkeit.
- Neurotizismus.

Es handelt sich um fünf Überschriften für eine ganze Reihe dazugehöriger Faktoren:

1. *Offenheit*: Aufgeschlossenheit, Wissbegierigkeit, Neugier, Abenteuerlust, Experimentierfreudigkeit, Kontaktfreude, Künstlerisches Interesse. Sorgfalt, Präzision, Verantwortungsbewusstsein, Zuverlässigkeit, Besonnenheit, Disziplin.
2. *Gewissenhaftigkeit*: Die Person handelt effektiv und geht organisiert vor.
3. *Extraversion:* Die Person ist kommunikativ, heiter, optimistisch, selbstsicher, energisch, aktiv.
4. *Verträglichkeit:* Mitgefühl, Empathie, Rücksichtnahme, Wohlwollen, Kooperationsbereitschaft, Kompromissbereitschaft, Geselligkeit, Verständnis.
5. *Neurotizismus* (Emotionale Labilität): Die Person agiert emotional, unsicher, erschüttert, nervös, ängstlich, betroffen, beschämt, verlegen, traurig.

Diese Liste setzt sich offensichtlich aus Wertbegriffen zusammen. Denn die einzelnen Faktoren der ersten vier Dimensionen weisen (jedenfalls im Hinblick auf die Alltagssprache) einen positiven Akzent auf. „Gewissenhaftigkeit" gilt bei Unternehmensberatern als besonders empfehlenswerte Eigenschaft von Bewerberinnen und Bewerbern. Kein Wunder, dass die angeführten Informationen auf einer Website „Karrierebibel.de/big five" zu finden sind und eine Reihe von Einstellungstests auf den Details des 5-Faktorenmodells aufgebaut werden. Beim Neurozitismus dominieren allerdings die negativen Akzente, wobei mir nicht so recht klar ist, warum eine Person, die betroffen, beschämt, verlegen oder traurig ist, in diese Schublade einsortiert werden soll. Zu jedem der Faktoren unter den fünf Überschriften lässt sich das Gegenteil formulieren: Dann handelt eine Person beispielsweise ineffektiv und unorganisiert. Auf diesem Wege der Negation der einzelnen Prädikate ließe sich also auch die Herde der schwarzen Schafe einzäunen.

Um nur ein weiteres Beispiel für die empiristische Art und Weise der Bestimmung der Wesenszüge von Personen heranziehen, käme der mehr oder minder fest in der Testindustrie etablierte Typenindikator von Myers und Briggs in Frage. Die beiden Autorinnen gehen von der Psychoanalyse von C. G. Jung aus. Ihre Testbatterie wird in den Details auf verschiedene Weisen an- und ausgeführt. Eine Kurzfassung könnte jedoch auch so aussehen:

- *Ausrichtung der Aufmerksamkeit*: Energie und Motivation insbesondere als Extroversion versus Introversion.
- *Entscheidungsvollzug*: Die Akteure handeln überlegt (rational abwägend) versus gefühlsbestimmt.
- *Urteilsfähigkeit*: Vom Denken und Überlegung geleitete Entscheidungen versus Entscheidungen „aus dem Bauch heraus."
- *Umweltbezug*: Handeln auf der Basis von Urteil und Abwägung versus Handeln auf der Basis sorgfältiger Wahrnehmung und Beobachtung von Details.

Die verschiedenen Variablen des Modells können kombiniert werden, so dass ein breites Sortiment von einzelnen Charaktertypen entsteht. Auf diesem Ansatz basierende Tests erfreuen sich in den USA einer nicht unerheblichen Beliebtheit. Es gibt sogar eine „Myers Briggs Company." Zahlreiche Urteile über diese Testbatterien fallen allerdings äußerst herb aus. Ihre Gültigkeit und Verlässlichkeit werden stark angezweifelt. Als philosophisch nachdrücklich reflektiert wird man all diese Spielarten der Charakterologie ohnehin nicht preisen dürfen.

Zum Begriff des Charakters bei Kant

Der Begriff des „Charakters" findet sich in verschiedenen Texten der Philosophie und philosophischen Anthropologie, so auch bei Kant und Hegel. In der allgemeinsten Hinsicht besteht für Kant „der Charakter in der Fertigkeit, nach Maximen zu handeln."[3] Eine Maxime bedeutet eine grundsätzliche Regel, wonach sich das Vorgehen eines Menschen ausrichtet oder ausrichten sollte. „Einen (moralischen – J. R.) Charakter aber schlechthin zu haben, bedeutet diejenige Eigenschaft des Willens, nach welcher das Subjekt sich selbst an bestimmte praktische Prinzipien bindet, die er sich durch eigene Vernunft unabänderlich vorgeschrieben hat."[4] So kann es eine oberste Regel, die moralische Maxime einer Person sein, Erscheinungsformen von Rassismus und Autoritarismus wenn möglich entgegenzutreten. „Menschen, die sich nicht gewisse Regeln vorausgesetzt haben, sind unzuverlässig, man weiß sich oft nicht in sie zu finden, und man kann nie recht wissen, wie man mit ihnen dran ist."[5] Wenn es um die *oberste* moralische Maxime geht, „dann kommt es darauf an, *dass das moralische Gesetz unmittelbar den Willen bestimme*."[6] Und dieses Sittengesetz gebietet, die anderen Subjekte als Zweck an sich selbst anzuerkennen, solange sie ihre Freiheit der Willkür nicht dazu benutzen, andere Menschen zu betrügen, zu manipulieren, auszubeuten oder zu unterdrücken. Tugenden wie Mut und Entschlossenheit „sind ohne Zweifel in mancher Absicht gut und wünschenswert, aber sie können auch äußerst böse und schädlich werden, wenn der Wille, der von diesen Naturgaben Gebrauch macht und dessen eigentümliche Beschaffenheit darum *Charakter* heißt, nicht gut ist."[7]

Nach Kant weist der Begriff des Charakters einen Doppelcharakter auf. Einerseits hat ein Individuum einen *physischen* Charakter. Bestimmte körperliche und geistige Eigenschaften sind charakteristisch für eine Person. Andererseits geht es um ihre *moralischen* Einstellungen. „Das erste ist das Unterscheidungszeichen des Menschen als eines sinnlichen, oder Naturwesens; das zweite desselben als eines vernünftigen, mit Freiheit begabten Wesens."[8] Der *physische* Charakter bezeichnet nicht zuletzt die Naturanlagen des Menschen und sein Temperament. Der *moralische* Charakter hingegen betrifft seine gesamte „Denkungsart" und somit nicht das, was die Umstände aus ihm machen, sondern das, „was er aus sich selbst zu machen bereit ist."[9] Und das kann nur auf der Basis von Willensfreiheit gelingen. Bestimmte Charakterzüge eines Menschen können einen Preis haben, wenn es sich beispielsweise um Eigenschaften handelt, deren Einsatz für andere (wie etwa bei Dienstleistungen) nützlich ist. Dementsprechend hat „das Talent einen *Marktpreis*." Temperamente weisen einen *Affektionspreis* auf. Dann ist ein Subjekt beispielsweise „ein angenehmer Gesellschafter" und es wird gemütlich. Das wissen andere zu schätzen, ohne dass bezahlt werden müsste. Aber der genuin moralische Charakter „hat einen inneren *Wert* und ist über allen Preis erhaben."[10] Der innere Wert verweist auf die *Würde* des Subjekts, die überhaupt nicht auszupreisen ist, sondern Anerkennung seines freien Willens verlangt.[11] Dieser macht das Individuum zugleich verantwortlich für seine Taten und Untaten. „*Person* ist dasjenige Subjekt, dessen Handlungen einer *Zurechnung* fähig sind. Die *moralische* Persönlichkeit ist also nichts anders, als die Freiheit eines vernünftigen Wesens unter moralischen Gesetzen ..."[12]

In der Unterscheidung zwischen dem naturbestimmten und dem moralischen Charakter der Menschen spiegelt sich die berühmte Differenzbestimmung wider, die Kant zwischen dem empirischen und dem intelligiblen Charakter des Menschen macht. Dahinter wiederum steht eine Zwei-Welten-Lehre; denn er unterscheidet den *mundus sensibilis* vom *mundus intelligibilis*. Der *mundus sensibilis* bedeutet die Sinnenwelt, die Welt der Sinneseindrücke, Empfindungen, Wahrnehmungen, der Beobachtungen.[13] Der *mundus intelligibilis* hingegen umfasst die Welt der Dinge und Eigenschaften, die uns nicht durch Wahrnehmung unmittelbar zugängig sind. „*Intelligibel* aber heißen *Gegenstände*, so fern sie *bloß durch den Verstand* vorgestellt werden können und auf die keine unserer sinnlichen Anschauungen gehen kann."[14] Die intelligible Welt umfasst die Welt der Dinge an sich, die wir in der Tat nicht ohne unsere logischen und kognitiven Möglichkeiten, überhaupt Erfahrungen machen zu können, also nicht *unmittelbar* erfassen können. Auf die Charakterlehre übertragen bedeutet dies: Als Naturwesen gehört der

Mensch der Sinnwelt an und unterliegt Einwirkungen der inneren und äußeren Natur. Sein *empirischer Charakter* wird formiert. Aber als Wesen, das über einen freien Willen verfügt und etwas von sich aus veranlassen kann, fällt der Mensch in die intelligible Welt, verfügt er über einen *intelligiblen Charakter*. Sein freier Wille lässt sich zwar nicht bruchlos aus einflussnehmenden Faktoren der Sinnenwelt ableiten; denn dann würde es sich nicht mehr um eine selbstbestimmte Maßnahme, sondern um eine extern bestimmte handeln. Demgegenüber gibt es Phänomene, die wir nur unter der Voraussetzung erklären können, der Mensch verfüge über einen freien Willen. „Es ist noch eine Kausalität durch Freiheit als Erklärung derselben anzunehmen notwendig."[15]

Zum Begriff des Charakters bei Hegel

In den Jahren zwischen 1807 und 1818 war Hegel Lehrer und Rektor am Nürnberger Ägidiengymnasium. Dort musste er Schülern der Unter-, Mittel- und Oberstufe Unterricht erteilen. Seine Begeisterung ob dieser Tätigkeit hielt sich einigen Gerüchten zufolge in engen Grenzen. Er verfasste damals Unterrichtsmaterialien (Propädeutiken) zur Logik, Bewusstseinslehre sowie zur Rechts-, Pflichten und Religionslehre. Ergänzt wurden diese Schriften durch Gymnasialreden zum Abschluss des jeweiligen Schuljahres sowie durch einige Gutachten für Vertreter von Schulbehörden. Die „Rechts-, Pflichten- und Religionslehre für die Unterklasse" (1810 ff.) enthält eine Reihe von prägenden Thesen Hegels über Bewusstsein, Denken und Willen. Der Begriff des „Bewusstseins" liest sich als Ausdruck für den Gegenstandsbezug des menschlichen Empfindens, Denkens und Handelns. Es geht also um die „Beziehung des Ich auf einen Gegenstand, es sei ein innerer oder äußerer."[16] Hinzu kommt das praktische Bewusstsein als Willensäußerung, die oftmals dem Trieb nachfolgt. „Die *Tat* ist überhaupt die hervorgebrachte Veränderung und Bestimmung des Daseins."[17] Die Freiheit der Willkür (die nicht mit Aktion frei Schnauze zu verwechseln ist!) richtet sich auf bestimmte Sachverhalte in der Außenwelt. Sie ist an deren Dasein oder Hervorbringung gebunden. „Die Freiheit des Willens ist nach dieser Bestimmung *Willkür* – in welcher dies beides enthalten ist, die freie von allem abstrahierende Reflexion und die Abhängigkeit von dem innerlich oder äußerlich gegebenen Inhalte und Stoffe."[18] Der wirklich freie Wille ist der Wille, der den freien Willen, ihn verwirklichen will.

J. J. Rousseau (1712–1778) hat in seiner Staatstheorie die Idee eines Willens entwickelt, der *nicht* an die heterogenen, selbstinteressierten und vagen Willensäußerungen der je verschiedenen Personen (*volonté de tous*) gebunden, sondern allgemein ist. Dieser Wille stellt den Ausdruck *allgemeiner* Selbstbestimmung dar (*volonté générale*).[19] Welchen Inhalt könnte ein kontrafaktisch als *völlig autonom* und *allgemeinverbindlich* gedachter Willen haben? Sich selbst! – so lautet die von Kant und Hegel aufgegriffene Antwort. In der reinen Selbstbeziehung ist ein Wille frei von einer jeden Heteronomie. Dem lässt sich vielleicht die folgende Wendung geben: Es geht um den *freien* Willen der Akteure. Er ist Bedingung der

Selbstbestimmung eines jeden *einzelnen* empirischen Subjekts zum Handeln. „Autonomie" bedeutet das selbst gegebene Gesetz des Handelns. Dieses ist also nicht kausal bedingt, aber – da wir keine Götter sind – auch nicht *absolut*, das heißt: seine Äußerungsmöglichkeiten unterliegen (nicht zuletzt staatlich-gesellschaftlichen) Randbedingungen. Wenn „der Wille" inhaltlich nicht als ein Übersubjekt zu denken ist, das etwas von sich aus mit Überlegung bewirkt, dann bleibt immer noch die folgende Deutungsmöglichkeit: *„Autonomie* ist also der Grund der Würde der menschlichen und jeder vernünftigen Natur."[20] Aber nur als von anderen anerkannter und den geschichtlichen-gesellschaftlichen Rahmenbedingungen gestützter und geförderter kann der freie Wille der Einzelnen Bestand haben. „Sie *anerkennen* sich als *gegenseitig sich anerkennend*."[21] In diesem idealen Fall würde ein jedes Subjekt den freien Willen *aller* anderen achten – solange diese ihn nicht zu Zwecken der Repression und Manipulation einsetzen. So gesehen will die Gesamtheit der Einzelnen den freien Willen *aller* anderen Subjekte, also als einen freien und *allgemeinen* Willen. Anders ausgedrückt: Die Allgemeinheit der Einzelnen will den freien Willen als allgemeinen, „weil ich den Anderen als ein freies Wesen behandele."[22] Es handelt sich in der Tat um einen freien Willen, der durchgängig den freien Willen will. Dementsprechend sagt Hegel: „Damit aber der Wille *wahrhaft* und absolut frei (nicht in der Freiheit der Willkür aufgehend – J. R.) sei, kann das, was er will, oder sein Inhalt nichts anderes sein als er selbst."[23] Später – in der „Rechtsphilosophie" von 1821 – heißt es dann: „Der abstrakte Begriff der Idee des Willens ist überhaupt der *freie Wille*, der den *freien Willen will*."[24] Wird „der" freie Wille also nicht als eine Erscheinungsform von Hegels Übersubjekt „Geist" gedeutet, dann besteht die Substanz „des" freien und allgemeinen Willens darin, dass die einzelnen autonomen Subjekte durchweg die Autonomie aller Subjekte wollen und fördern (*allgemein* anerkannte Autonomie der *Einzelnen*). Wäre der Wille nicht in diesem Sinne ein allgemeiner, „so würden keine eigentlichen *Gesetze* stattfinden, nichts, was *alle* wahrhaft verpflichten könnte."[25] Die anthropologische Prämisse, die in all dem aufgehoben ist, lautet: „Der Mensch ist ein freies Wesen. Dies macht die Grundbestimmung seiner Natur aus."[26] Dass diese Idee Lichtjahre von den bestehenden gesellschaftlichen Verhältnissen entfernt war und weiterhin ist, das bedarf keines besonderen Beweises. Wohl aber lässt sich bestehende Heteronomie an der Idee des reinen Willens messen. Auf diesem Hintergrund der Lehren von Kant, Fichte (s. u.) und Hegel möchte ich den Inhalt der Begriffe *Person und Subjekt* ergänzend skizzieren.

Im § 4 seiner Rechtslehre in den Nürnberger Manuskripten (WW 4) schreibt Hegel: „Insofern jeder als ein freies Wesen anerkannt wird, ist er eine *Person* ..." Und weiter im § 5: „Der Begriff der Persönlichkeit schließt in sich die Ichheit oder Einzelheit ..." Diese Wahl der Begriffe ist irreführend, wenn unter *Personen* (die Gründe dafür werden noch anzugeben sein) Träger der empirischen Wesenszügen ihres vorfindlichen *Charakters* verstanden werden (s. o.). Es handelt sich dann um Merkmale, die sich ihnen als charakteristisch eingeprägt haben. Sie entstammen den Bedingungen und Einwirkungen der inneren und äußeren Natur. Insofern bedeutet „Person" eine Kategorie des *Bestimmtseins* und nicht der *Selbstbestimmung*! Der Begriff der „Persönlichkeit" bezieht sich oftmals auch auf vorbildliche Wesenszüge eines Individuums – woran auch immer das Beispielhafte gemessen wird. Bei Hegel zielt er in erster Linie auf die *Ich-Identität*. Diese bildet den Dreh- und Angelpunkt autonomer Subjektivität. Als ein des Selbstbewusstseins und der Selbstbestimmung fähiges Wesen ist das Individuum *Subjekt*. Der moralische Standpunkt, sagt Hegel an anderer Stelle, „bestimmt die *Person* zum *Subjekte*."[27] In seiner „Vorlesung über die Ästhetik" geht er ausführlich auf den Charakter der Individuen ein.[28] Dieser wird unter drei Gesichtspunkten betrachtet: 1.) Im Hinblick auf die *Mannigfaltigkeit* der Charakterzüge eines Individuums. „Vielseitigkeit allein gibt dem Charakter das lebendige Interesse" und seine unverwechselbare Einzelheit.[29] 2.) Es handelt sich jedoch immer um einen *bestimmten* Charakter, um einen Zusammenhang von Wesenszügen, der für dieses Individuum und kein anderes kennzeichnend ist. 3.) Schließlich offenbart sich auch die etwaige Zeitbeständigkeit und Konsequenz der Wesenszüge als „in sich *fester* Charakter."[30] Doch kann das bloß „Formelle", das Unentwickeltsein „des Charakters, in der *Innerlichkeit* also solcher liegen, bei welcher das Individuum, ohne zur Ausbreitung und Durchführung derselben gelangen zu können, stehen bleibt."[31]

Ich denke, diesen klassischen Theoreme lassen sich vier Grundbegriffe der philosophischen Anthropologie entnehmen:

1. *Charakter:* Inbegriff zeitbeständigerer Wesenszüge, die sich dem Individuum aufgrund innerer und äußerer Bedingungen und Einwirkungen eingeprägt haben.
2. *Sozialcharakter:* Bedeutet das Ergebnis der Bedingungen und Einwirkungen bedeutsamer anderer Personen, sozialer Strukturen und Prozesse, letztlich der gesellschaftlichen Verhältnisse insgesamt.
3. *Person:* Das bestimmte Individuum als Träger derartiger Wesenszüge. Die Person wird in Kategorien des Bestimmtseins durch Anderes und Andere betrachtet.
4. *Subjekt:* Das Individuum ist Subjekt, insoweit es über einen freien Willen, über „Reflexion" als Einheit der Kompetenzen des Selbstbewusstseins und der Selbstbestimmung verfügt.

Charaktermaske bei Marx

Diesem Sortiment sind noch zwei weitere Grundbegriffe hinzuzufügen: *Charaktermaske* und *Rolle*. *Persona* bedeutet im Latein eine Maske, nicht zuletzt die Maske, welche Schauspieler im antiken Theater vor dem Gesicht trugen. Sie sollte einen bestimmten Typus von Menschen anzeigen. Aber auch Mitglieder einer *turma*, der

Reitereinheit einer Legion, konnten Helmmasken vor dem Gesicht tragen. Die Träger der Theatermaske spielten eine *Rolle* auf der Bühne.

1. Vom Theater ist *Rolle* dann als Grundbegriff in die Soziologie eingewandert. Welche Rolle sie dort spielt, wird noch zu schildern sein (Kap. 3).
2. Die *Charaktermaske* kann als ein *Teil* des *Sozialcharakters* eines Menschen angesehen werden – jedenfalls dann, wenn von bestimmten Formulierungen ausgegangen wird, die zu Marx' Kritik der politischen Ökonomie gehören. „Zur Vermeidung von Missverständnissen ein Wort. Die Gestalten von Kapitalist und Grundeigentümer zeichne ich keineswegs in einem rosigen Licht. Aber es handelt sich hier um die Personen nur, soweit sie die Personifikation ökonomischer Kategorien sind, Träger von bestimmten Klassenverhältnissen und Interessen. ... Wir werden überhaupt im Fortgang der Entwicklung finden, dass die Personen nur die Personifikationen der ökonomischen Verhältnisse sind, als deren Träger sie sich gegenübertreten." [32] Was heißt es, dass die Personen „Personifikationen" von ökonomischen Verhältnissen darstellen und daher als oder mit Charaktermasken auftreten? Es gibt verschiedene Möglichkeiten der Deutung: „Charaktermaske" lässt sich in allgemeinster Hinsicht als Ausdruck für *ökonomische Rollen* und *Rollenträger im Arbeitsprozess* lesen. Als Rolle der Büroangestellten beispielsweise. In diesem Sinne verweist „Charaktermaske" in der Tat auf eine Personifikation ökonomischer Kategorien. So findet beim Austausch auf Wochenmärkten ein Händewechsel Geld gegen Waren, Ware gegen Geld statt. Er kann in Kategorien der Kreislauffigur G-W-G dargestellt werden. Denn es handelt sich um Kauf (G-W) und Verkauf (W-G). „In jeder der beiden Phasen stehen sich dieselben zwei sachlichen Elemente gegenüber, Ware und Geld – und zwei Personen in denselben ökonomischen Charaktermasken, ein Käufer und ein Verkäufer."[33] Es können auch die spezifischen *Funktionen* (zielgerichteten Arbeitsvollzüge und Handlungsmuster) gemeint sein, die jemand im Wirtschaftskreislauf ausübt. Bei Marx handelt es sich natürlich um Rollen, die von Personen je nach ihrer Position im Kreislauf des Kapitals gespielt werden müssen bzw. um diejenigen Funktionen, welche darin gleichsam „objektiv" zu verrichten sind. Der krisenträchtige Kreislauf des Wirtschaftssystems bestimmt die *faktische ökonomische Lage* der Personen und da es sich in der bürgerlichen Gesellschaft um einen Prozess handelt, der auf die macht- und herrschaftsgestützte Appropriation eines Surplus in der historischen Formbestimmung des Mehrwertes, also auf Profit ausgerichtet ist, handelt es sich dabei um historisch spezifische *Klassenlagen* von Personen und Gruppen. Das Interesse der in diesen ökonomischen Rollen Tätigen kann als *Klasseninteresse* bezeichnet werden. Dementsprechend ist der Kapitalist für Marx „nur personifiziertes Kapitel. Seine Seele ist die Kapitalseele."[34] Sein Interesse besteht in der Steigerung des Betriebsgewinns: G-W-G'. Geld gegen Waren (Produktionsmittel

und Arbeitskräfte), die im Betrieb reinvestiert werden, um durch den Verkauf des Betriebsergebnisses mehr Geld (G') auf dem Markt herauszuschlagen (Wachstum) – wenn's geht. Der Gesamtkreislauf des Kapitals als krisenträchtige historische Regelmäßigkeit des Wirtschaftsgeschehens unterwirft selbst den Kapitalisten Bedingungen und Zwängen. Der Verwertung des Betriebsergebnisses kann er sich „bei Strafe des Untergangs" (Marx) – angesichts des drohenden Konkurses – ebenso wenig entziehen, wie der Beschäftigung von Lohnabhängigen, deren Interesse an Lohnerhöhung dem Interesse der Betriebsherren an Kostenminderung strikt entgegengesetzt ist. Auf die Klage der Proletarier „über physische und geistige Verkümmerung, vorzeitigen Tod, Tortur und Überarbeit", gibt der Kapitalist die Antwort: „Sollte diese Qual uns quälen, da sie unsere Lust (den Profit) vermehrt? Im Großen und Ganzen hängt dies aber auch nicht vom guten oder bösen Willen des einzelnen Kapitalisten ab. Die freie Konkurrenz macht die immanenten Gesetze der kapitalistischen Produktion dem einzelnen Kapitalisten gegenüber als äußerliches Zwangsgesetz geltend."[35] Heutzutage geht es in vielen Bereichen subtiler zu. Bereicherung durch Cum-Ex-Geschäfte ist von anderer Art als die brutale physische Ausbeutung zahlloser Arbeitskräfte, die Marx damals vor Augen hatte. Aber es gibt natürlich weiterhin eine Reihe von Berufen, wobei mit Überlastung, schwerer Gesundheitsgefährdung und Überarbeit zu rechnen ist (Straßenbauarbeiten z. B.).

Ich ziehe folgendes – sicherlich strittige – Fazit:

- In allerallgemeinster Hinsicht sind unter „Charaktermasken" die Rollen, das heißt charakteristischen Zwecktätigkeiten zu verstehen, die Individuen und Gruppen in der jeweiligen historischen Ausprägung eines Systems von Produktivkräften und Produktionsverhältnissen (Herrschaftsverhältnissen) spielen bzw. im Interesse der materiellen Reproduktion ihres Lebens spielen müssen. Der Begriff des „Charakters" weist demnach einen allgemeineren Umfang als der der „Charaktermaske" auf. Der „Sozialcharakter" stellt einen *Teil* des übergreifenden Charakters dar. Es geht um Rollen und Funktionen der Personen im Wirtschaftssystem. Allgemeiner: Charaktermasken bedeuten Wesensmerkmale der Individuen, die sich ihnen unter ihren materiellen Lebensbedingungen eingeprägt haben und sie mehr oder minder gut befähigen, ihre ökonomischen Funktionen auszuüben.
- Marx zeichnet die Charaktermasken von Personen im kapitalistischen Wirtschaftssystem ausdrücklich nicht in einem rosigen Licht. Zu seiner Beschreibung von Charaktermasken im Wirtschaftsprozess der kapitalistischen Gesellschaft gehören nicht zuletzt die Verkehrungen, denen das Bewusstsein der Akteure unterliegt: der Warenfetisch, die Erhöhung der Märkte zur Macht des Schicksals, der Glaube an die Unabdingbarkeit des quantitativen Wachstums, die Bereitschaft zur Veräußerung unveräußerlicher Güter das

Individuum (wie sein Glaube) selbst, die Reduktion der Würde auf den Preis, die alltagsweltlichen Situationsdeutungen im Geist des *homo oeconomicus* liefern weitere Beispiele dafür.

Praxisphilosophie und Habitus bei Bourdieu

Eine der prominentesten und einflussreichsten Theorien der Formierung des Sozialcharakters in den letzten Jahren stammt von Pierre Bourdieu (1930–2002). Er hat eine ethnologische Studie über die Kabylen, eine nordafrikanische Volksgruppe der Berber durchgeführt, die 1972 erschienen ist.[36] In demjenigen Teil der Studie, welcher eine Theorie der Praxis begründen soll, steht der Begriff des *Habitus* im Zentrum. Man kann ihn inzwischen als einen Grundbegriff der Soziologie und Ethnologie ansehen. Zusammen mit dem Buch „La Distinction. Critique social du jugement" (Dt.: Die feinen Unterschiede) hat Bourdieus Habitustheorie später dann einen sehr weitgehenden Einfluss insbesondere auf empirische Milieustudien gewonnen. Das gilt gleichermaßen für seine Kategorie des „kulturellen Kapitals."[37] Durch den Besitz von kulturellem Kapital etwa in der Form durch Diplome zertifizierter Leistungen lassen sich „symbolische Gewinne" wie eine Steigerung des Ansehens gewinnen. Mit seiner Praxisphilosophie schickt sich Bourdieu nach seiner Auskunft an, die „anthropologischen und soziologischen Grundlagen des objektivistischen Irrtums in Angriff zu nehmen", ohne dabei auf den Gegenpol des Subjektivismus zurückzufallen. Objektivisten wollen – ganz allgemein gesprochen – eine sachliche Beobachtung gleichsam „aus der Ferne" durchführen. Das bedeutet, Praxisformen vom Standpunkt des äußeren Beobachters aus mit Methoden zu studieren, die denen der mathematischen Naturwissenschaften möglichst nahekommen sollen. Als anderes Wort für „Objektivismus" lässt sich auch „Szientismus" wählen, denn *Science* ist gleich „Naturwissenschaft". Dem steht der Anspruch gegenüber, die „Praxis als Praxis" zu untersuchen – wie Bourdieu sagt –, anstatt sie als ein Objekt wie jedes andere zu behandeln?[38] Der Hermeneutik wird der gegenteilige Anspruch nachgesagt. Aber sie steht vor einer Gefahr, auf den Standpunkt des „Subjektivismus" zurückzufallen. Bourdieu hat bei „Hermeneutik" unter anderem Studien wie die des Linguisten Ferdinand de Saussure (1857–1913) oder des Ethnologen Claude Lévi-Strauss (1908–2008) vor Augen, die zu den Schlüsseltexten der „Strukturalismus" genannten Schule gehören. Die theoretische Arbeit von Ethnologen, die eine fremde Kultur untersuchen, lässt sie zu „einer hermeneutischen Repräsentation der gesellschaftlichen Praxisformen neigen." Das hermeneutische Wissenschaftsverständnis offenbart nach Bourdieu dabei die in der ethnologischen Literatur des Öfteren auftretende Gefahr, „alle gesellschaftlichen Beziehungen auf solche der Kommunikation und alle Interaktionen auf symbolische Tauschbeziehungen zu reduzieren."[39] Denn mit dem symbolischen Austausch zwischen Menschen liegt so etwas wie ein Text vor, der sich hermeneutisch deuten lässt. Gleichwohl muss die Hermeneutik nicht zwangsläufig in den Sprachspielimperialismus abgleiten, dem alles gesellschaftliche Sein gleich einem *sprachlichen* Sein ist. Ein weiteres Problem ergibt sich für Bourdieu dadurch, dass eine Theorie der Praxis ihrerseits eine *wissenschaftliche Praxis* von Experten darstellt. Diese bewegt sich in einem deutlichen Abstand von den übrigen Formen der Praxis in einer Gesellschaft und muss insofern ihrerseits ein Stück weit „objektivistisch" arbeiten. Deswegen muss eine Theorie des Verhältnisses von Theorie und Praxis sich immer auch auf sich selbst beziehen. Das bedeutet, die Frage aufzuwerfen, welche gesellschaftliche Voraussetzungen gegeben sein müssen, damit nicht nur eine „besondere Kategorie von Individuen zur Ausübung einer theoretischen Tätigkeit bereitgehalten werden kann", sondern welche Gegebenheiten in der gesellschaftlichen Realität „per se die (wenigstens – J. R.) unbewusste Übernahme eines bestimmten Typs" von Theorie bzw. einer Theorie der Praxis (als gezielte oder immanente Zielrichtung auf außerwissenschaftliche Praxis) begünstigen."[40] Das ähnelt der Einübung in ein Paradigma bei Kuhn. Nach Bourdieus These bedingen „Gegebenheiten" in der gesellschaftlichen Wirklichkeit in der Tat die bewusste oder unbewusste Übernahme eines „bestimmten Typs" von Theorie. Zu diesen gesellschaftlichen Gegebenheiten sind nicht zuletzt auch „objektive" Strukturen und Prozesse (sowie die Aktionen ganzer sozialen Bewegung) in der gesellschaftlichen Wirklichkeit zu rechnen. Bourdieus bedient sich einer Begünstigungsklausel. Sie erinnert ein Stück weit an Hegels Begriff des „Entgegenkommens." Denn für Hegel müssen Vernunftpotenziale im Dasein enthalten sein, damit eine vernünftigere Gestaltung der Verhältnisse überhaupt einige Aussichten auf Erfolg hat. Allein durch das Enthaltensein von Vernunft in den Verhältnissen wird bei ihm das bloße *Dasein* zur *Wirklichkeit*. Auf ähnliche Weise argumentiert Marx, alle „Sprengversuche" als revolutionäre Praxis wären „Donquichotterie", käme ihnen nicht ein vernünftiges Interesse z. B. an Gerechtigkeit bei Gruppen in der gesellschaftlichen Wirklichkeit entgegen.[41] Dennoch setzt theoretische Arbeit als Kopfarbeit immer auch einen gewissen Bruch im Verhältnis zu anderen Praxisformen in der Gesellschaft voraus. Dieser kann sich zu einer Theorie der Praxis (zu einem Selbstverständnis vom richtigen Handeln in Bezug auf gesellschaftlich vorfindliche Praxisformen) verschärfen, „die mit dem Vergessen der gesellschaftlichen Bedingungen der Möglichkeit von Theorie Hand und Hand geht."[42] Das Praxisverständnis ist in all diesen Fällen immer auch in eine bestimmte theoretische Perspektive auf den Untersuchungsgegenstand eingebettet.

Texte und Sinn sind und bleiben der zentrale Untersuchungsgegenstand der Hermeneutik. Bourdieu beruft sich ausdrücklich auf den methodischen Grundzug des hermeneutischen Wissenschaftsverständnisses, Vermutungen über einen Text an diesem zu überprüfen, das revidierte Vorverständnis erneut zu applizieren usf., bis der erwünschte Grad der Differenzierung von Aussagen über die Vorlage erreicht ist. Aber die *gesellschaftlichen* Praxisformen sind nicht einfach *gleich* einem Text als Sprachgebilde bzw. Symbolsystem, welche Rolle die „subjektiven" Ideen und Glaubensinhalte der Akteure immer auch bei der Konstitution sozialer Tatsachen spielen mögen. Entgegen dem absoluten Sprachidealismus greift Bourdieu nicht zufällig auf die Interaktionstheorie von G. H. Mead zurück. Dieser führt ja „Praxis“ als gesellschaftliches Handeln nicht auf Symbolsysteme zurück, sondern für ihn bilden – umgekehrt! – konkrete gesellschaftliche Handlungen und faktische Interaktionszusammenhänge zwischen Individuen und Gruppen den Grund für die Entstehung und Reproduktion von Symbolsystemen (signifikanten Symbolen). „Anstatt eine Voraussetzung für gesellschaftliches Handeln zu sein, ist das gesellschaftliche Handeln eine Voraussetzung für Bewusstsein“ und Sprache.[43] Das Studium der gesellschaftlichen Praxisformen kann nach Bourdieus Auffassung „zum Gegenstand dreier Modi theoretischer Erkenntnis“, also dreier Ausprägungen des Wissenschaftsverständnisses werden.[44]

1. Die „phänomenologische Erkenntnisweise.“
2. Die „objektivistische Erkenntnisweise.“
3. Die „praxeologische Erkenntnisweise.“

Ad 1: Den ersten Erkenntnismodus bezeichnet Bourdieu auch als den „interaktionistischen“ oder „ethnomethodologischen.“ Er umfasst im Grunde die meisten Versionen einer Soziologie der Alltagspraxis und bezieht sich auf Muster der primären Erfahrung von Gegebenheiten in der sozialen Welt. Das heißt: Diese Erkenntnisweise „begreift die soziale Welt als eine natürliche und selbstverständlich vorgegebene Welt.“ Sie erfährt und behandelt sie *selbstvergessen*. Die Selbstvergessenheit gehört zu den Grundmerkmalen des bloß „erscheinende Wissen“, das sich in der „ersten Stellung des Gedankens zur Objektivität“ (Hegel) befindet. Es „schließt also die Frage nach den Bedingungen ihrer eigenen Möglichkeit aus.“[45]

Ad 2: Das objektivistische Wissenschaftsverständnis deckt sich weitgehend mit dem Szientismus. Dabei kommt es bei der Untersuchung vorfindlicher Praxisformen zu einem einschneidenden Bruch mit der Erfahrung der alltäglich Handelnden. Es wird der Standpunkt des „objektiven“ Beobachters reklamiert, der allemal Bescheid weiß. Der Aktorstandpunkt wird in den Hintergrund gedrängt. Denn er fällt in den Bereich der *doxa*, in die Welt der trügerischen Erscheinungen. Bourdieu legt ein besonderes Gewicht auf die Kritik der „strukturalistischen Hermeneutik“, worunter in erster Linie jene Varianten der ethnologischen Theoriebildung und Forschung zu verstehen sind, welche an den linguistischen Strukturalismus anschließen.

Ad 3: Die praxeologische Erkenntnisweise, wie Bourdieu seinen Ansatz bezeichnet, bezieht sich nicht nur auf die objektiven, nicht sinnhaften Strukturen und Prozesse einer Gesellschaft, sondern bemüht sich auch um Einsichten in „die *dialektischen* Beziehungen zwischen diesen objektiven Strukturen und den strukturierten *Dispositionen*, die diese zu aktualisieren und zu reproduzieren trachten.“[46] Er scheint damit ausdrücklich einen bestimmten Anschluss an das *dialektische* Theorieverständnis herstellen zu wollen. Seine aufhebende Kritik des objektivistischen Standpunktes spielt dabei eine wichtige Rolle. „Die praxeologische Erkenntnis annulliert nicht die Ergebnisse des objektiven Wissens, sondern bewahrt und überschreitet sie, indem sie integriert, was diese Erkenntnis ausschließen musste, um allererst jene zu erhalten."[47] Das klingt so, wie die Vernunft bei Hegel die Grenzen des Verstandes übersteigt, der jedoch zugleich die Grundlage, Voraussetzung des dialektischen Denkens ist und bleibt.

Um die Kritik am Objektivismus weiter auszuführen, schlägt Bourdieu vor, „einen Augenblick auf dem Terrain des (strukturalistischen – J. R.) Objektivismus schlechthin, dem der Saussure'schen Linguistik und der Semiologie innezuhalten."[48] Dieser Autor und eine Reihe von anderer Vertreter der Ethnologie, die eigentlich die Sprachhermeneutik betreiben, nähern sich dennoch dem objektivistischen Denken dadurch an, dass der linguistische Strukturalismus „ein System objektiver Beziehungen (gedanklich – J. R.) konstituiert, das auf die unterschiedlichen Praxisformen und Praktiken, in denen es sich dokumentiert und in Aktion tritt, ebenso wenig zurückzuführen ist wie auf die Intentionen der Subjekte und deren Bewusstsein von seinen Zwängen und seiner Logik." Saussure habe die Sprache „als Struktur objektiver Relationen" betrachtet, „die gleichermaßen das Hervorbringen der Rede wir deren Entschlüsselung möglich macht ..."[49] Bourdieus Vorbehalte gegenüber dieser Denkungsart scheinen darauf hinauszulaufen, dass damit das Vermittlungsverhältnis zwischen objektiver Struktur, Alltagspraxis und Alltagsdenken der Menschen, die Homologie (Strukturgleichheit oder wenigsten Strukturähnlichkeit) „zwischen Sprachsystem und Sprechen einerseits und Kultur und Verhalten oder Werk andererseits" aus dem Blickfeld gerate.[50] Eine erfolgreiche Bearbeitung des Problems des subjektiven Faktors sei nicht zu erkennen. Im Gegenteil: Das Individuum erscheint als eine Marionette, die an den Fäden struktureller Zwänge zappelt. Der Saussure'sche Sprachstrukturalismus weise den Nachteil auf, dass *Struktur* als Beziehung zwischen den Zeichen verkürzt dargestellt wird. Denn es handele sich um *praktische* Funktionen, „die sich keinesfalls, wie es der Strukturalismus stillschweigend unterstellt, auf Kommunikations- und Erkenntnisfunktionen reduzieren lassen."[51] Hinzu komme, dass die Kenntnis eines Sprachcodes die praktisch vollzogenen Interaktionen (Sprechakte) keineswegs eindeutig steuert und dass außersprachliche Faktoren ebenfalls eine Rolle beim Gebrauch von Zeichen spielen. Nicht zuletzt ist es der (soziale) Kontext, worin ein Sprechakt vollzogen wird, der die nähere Bedeutung der Zeichen (Aussagen, Sprechakte) selbst mitbestimmt.[52] Ethnomethodologen weisen in der Tat und mit Recht auf die sog. „Indexikalität der Sprechakte" hin. Je nach der sozialen Situation, worin er ausgesprochen wird, nimmt der an sich auf Anhieb verständliche Satz „Das sind ja trübe Aussichten" je verschiedene Bedeutung an. Geht es um den Blick vom Berg in das neblige Tal, um die Einschätzung der Konjunkturlage usf.?[53] Der Regelbegriff (nicht zuletzt im Hinblick auf Sprachregelungen) wird in der Tat oftmals „im Sinne ausdrücklich festgelegter und explizit anerkannter sozialer *Normen* gleich dem moralischen oder juristischen Gesetz, zuweilen auch im Sinne eines *theoretischen Modells* einer von der Wissenschaft erarbeiteten Konstruktion zur Erklärung der Praxisformen verwendet ...“[54] Aber die beobachtbaren *Regelmäßigkeiten* menschlichen Handelns in der Alltagspraxis garantieren nicht, dass die Akteure selbst gezielt irgendwelchen klar definierten *Regeln* folgen würden. Wie von W. v. O. Quine hervorgehoben hat: Das Handeln eines Akteurs kann von einer Regel *angeleitet* werden, ohne dass der Handelnde diese Regel selbst kennt und sie nennen könnte. Das Kleinkind lernt das korrekte Sprechen, ohne (zunächst) auch nur die Regeln der elementaren Grammatik angeben zu können. Erst wenn Akteure über einen gewissen Grad mehr oder minder klarer Regelkenntnisse verfügen, erst dann kann man sagen, sie *beachteten* die Regel. Deswegen kann man sagen, *Regelverstehen* läge dann vor, wenn der Akteur selbst sich auf die Regeln versteht, worauf sich aber auch der Beobachter versteht. Davon ist die Untersuchung fremder Kulturen offensichtlich in einem besonderen Maße abhängig. Es ist offensichtlich, dass das Individuum aufgrund der Effekte der dem individuellen Leben allemal vorgeordneten „Strukturen“, deren „objektiven“ Anforderungen nicht annähernd im vollen Umfang bewusst ist, geschweige denn sie ohne alle Modifikationen vollstrecken kann. Und bei ihrem Gebrauch ergeben sich immer zugleich Abweichungen von der starren Regelbefolgung, die nicht schlechthin mit linguistischen Fehlern gleichzusetzen sind. Die Bedeutung dieses Tatbestandes hat Kant klar gemacht. Er betont, dass die Anwendung zahlloser Regeln für das Denken und Handeln eine *Urteilskraft* voraussetzt, die geübt, aber nicht wie die Regeln des 1x1 eingepaukt werden kann. Das eröffnet grundsätzlich einen Spielraum für Modifikationen. Ähnlich trägt der Habitus immer auch *eigensinnig* zur Restrukturierung der gegebenen Strukturen bei. Der Regelkreis ist nicht geschlossen! Es geht Bourdieu offensichtlich darum, die Betrachtung der alltagsweltlichen Praxis unter Einbeziehung der alltäglichen Einstellungen und Orientierungen der Akteure selbst vorzunehmen, wobei objektive gesellschaftliche Strukturen ausdrücklich einbezogen werden. Das Verhältnis wissenschaftlicher Kopfarbeiter zur Alltagspraxis stellt ein weiteres zentrale Thema dar. Ziel ist letztendlich die Erfassung des Vermittlungsverhältnisses zwischen der Lebensführung Tag für Tag mit der Sozialstruktur im Allgemeinen, mit der Klassenstruktur im Besonderen.[55]

Der Habitus als Vermittlungsbegriff?

Der „methodische Objektivismus“ vollzieht nach Bourdieu einen einschneidenden Bruch mit der Primärerfahrung und versucht sich an der „Konstruktion objektiver Relationen.“[56] Dem hält er den Entwurf einer „Theorie des Erzeugungsmodus der Praxisformen“ entgegen.[57] Der Begriff des *Habitus* wird zum Dreh- und Angelpunkt dieses Vermittlungsversuches zwischen Alltagsmentalität und -praxis einerseits, der Klassenstruktur andererseits – einer Klassenstruktur, welche z. B. die „feinen Leute“ vom gemeinen Volk trennt. Ein solches Projekt führe zu einer „Dialektik von objektiven und einverleibten Strukturen.“ Bei dieser Dialektik gehe es offensichtlich um eine logisch angemessenere Verhältnisbestimmung des objektiven gesellschaftlichem Seins zum alltagsweltlichen Bewusstsein und Handeln. Die damit abgesteckte Zielrichtung auf eine *dialektische* Relationierung (dialektische Metarelation) der vielfältigen empirischen Beziehungen zwischen Sein und Bewusstsein führt natürlich mal wieder mitten in die Problemzone des guten alten Basis-Überbau-Problems. Jedenfalls soll das dialektische Theorieverständnis die detailliertere Erforschung und Darstellung des komplexen Prozesses der *„Interiorisierung der Exteriorität und der Exteriorisierung der Interiorität“* explizit anleiten.[58] Es geht um Verinnerlichung und Entäußerung in einer Praxis. Bourdieu denkt dabei offensichtlich an zwei gegenläufige Prozesse: Äußerliches (Vorgegebenes) wird verinnerlicht und wieder „nach außen“ und das heißt: in eine Praxis umgesetzt, welche die überindividuellen Strukturen und Prozesse reproduziert. Allerdings reicht die Feststellung einer wie immer auch verfassten Gegenläufigkeit von Prozessen nicht aus, um jenen Beziehungstypus, welcher die Einzelrelationen als Metarelation übergreift mit größerer logischer Präzision als „dialektisch“ auszeichnen zu können. Es fragt sich also, ob der *Habitus*begriff bei Bourdieu tatsächlich eine logisch klar bestimmte *dialektische* Vermittlung der Ebenen von Mentalität und Klassenstruktur leistet? Die meisten der vorfindlichen Angaben, Beschreibungen und Kommentare stellen ihn gleichsam als Schnittstelle zwischen Verinnerlichung und Entäußerung, damit als eine Art *tertium comparationis* (Mitte) dar. Überdies wird der Habitus an zahlreichen Stellen ausdrücklich als *Wirkung* gesellschaftlicher *Ursachen*, also kausalanalytisch beschrieben. Er kann allerdings seinerseits bei der „Exteriorisierung“ als Kausalfaktor Effekte erzeugen. Damit handelt es sich um Wechselwirkung. Insbesondere die Darstellung des Habitus als Schnittmenge (Mitte, „drittes Vergleichendes“) führt ein gutes Stück weit weg von der „Vermittlung ohne Mitte“, die bei Hegel und Adorno gleichermaßen ein entscheidendes Merkmal des „Prinzips der Dialektik“ (Adorno) darstellt. Die Klassenstruktur spielt in Bourdieus Habitustheorie eine zentrale Rolle. Als Prinzip zu deren Darstellung kann bei der Kapitalismusdarstellung und -kritik jene krisenträchtige *Regelmäßigkeit* angesehen werden, welche Marx als das Wertgesetz bezeichnet. Er nennt es auch das „innere Band des Kapitalismus“. Im Hinblick auf diese Art sozialer Prozesse betont Bourdieu ausdrücklich: Sie „erzeugen (kausal? – J. R.) *Habitusformen*, das heißt Systeme dauerhafter *Dispositionen*, strukturierte Strukturen, die geeignet sind, als strukturierende Strukturen zu wirken ...“[59] Die Kausalrelation, nicht die dialektische Vermittlung der Gegensätze in sich dominiert als Metarelation der einzelnen Relationsaussagen.

Zwischenbemerkung

„Habitus“ ist mal wieder mal ein Begriff, der aus dem Latein kommt. In dieser wiedergängerischen Sprache bezeichnet er die persönliche Haltung (z. B. das „Auftreten“, das z. B. majestätisch oder bescheiden sein kann). Es kann zudem das äußere Erscheinungsbild, aber auch die Stimmung und nicht zuletzt die Gesinnung einer Person gemeint sein. Bourdieu führt *Habitus* anscheinend als einen Dispositionsbegriff ein. Dispositionsbegriffe bzw. Dispositionsprädikate bezeichnen – ähnlich der aristotelischen Entelechie – ein Potenzial zu einer Handlung oder Entwicklung, das unter den Rahmenbedingungen einer bestehenden Situation *an sich* realisiert werden kann, vorausgesetzt, es kommt nichts dazwischen (*steresis*). Der Zucker ist *an sich* löslich, *für uns*, für unseren Geschmack entfaltet er diese Eigenschaft erst, wenn er in eine Tasse Kaffee (und nicht daneben) geschüttet wird.

Für eine Situation „konstitutive Strukturen" wie die Klassenstruktur, letztlich die materiellen Existenzbedingungen insgesamt *erzeugen* Habitusformen, sagt Bourdieu. Damit zeichnet sich weiterhin das charakteristische Problem seines Habitusbegriffs ab. „Erzeugen" bedeutet *kausal hervorbringen*. Und Habitūs *wirken* zugleich strukturierend auf die allgemeinen Strukturen zurück. *Dass* es empirisch derartige Kausalbeziehungen gibt, ist unbestreitbar! *Dass* dem Individuum bestimmte Züge seines Sozialcharakters als Handlungsdispositionen eingeprägt werden, ist ebenfalls empirisch evident. Der Sozialcharakter (Meads *Me*) ist in vielerlei Hinsichten *Effekt* der Einflüsse bedeutsamer anderer Personen, letztlich der Sozialstruktur insgesamt (Meads *generalized other*). Aber die dialektische Vermittlung der Gegensätze in sich stellt einen anderen Typus der Relationierung von Relationen dar als Kausalität oder Wechselwirkung. Als „dialektisch" in einem logisch schärferen Sinn kann ein reines Wirkungs-Rückwirkungsverhältnis gewiss nicht bezeichnet werden. Ein weiteres Deutungsproblem tut sich dadurch auf, dass eine ganze Reihe von Aussagen Bourdieus zur Erzeugung der Haltungen nach einer kompletten Anpassung des Individuums an die gesellschaftlichen Lebensbedingungen ebenso wie an strukturelle Zwänge der Klassenstruktur klingen. So heißt es beispielsweise: Es gibt die „symbolischen, d. h. konventionellen und konditionellen Stimulierungen, die allein unter der Bedingung wirken, dass sie auf Handlungssubjekte treffen, die dazu konditioniert sind, sie sie wahrzunehmen ..."[60] Die Wortwahl ist eindeutig: Linear kausal „wirken", „konditioniert sein" sind die Schlüsselverben. Dem entsprechen weitere Aussagen wie die, die Welt der Praxis vermöge allenfalls eine „bedingte Freiheit" zu gewähren.[61]

Der Habitus verweist zudem auch in den Bereich des Unbewussten, Vorbewussten bzw. der internalisierten Routinen, Rezepte, Funktionsanforderungen und Handlungszwänge. Anders als sich z. B. die objektivistische (szientistische) Spiel- und Entscheidungstheorie das vorstellt, konstituiert sich die Alltagspraxis für Bourdieu sehr weitgehend, „ohne dass doch die Handlungssubjekte das geringste Kalkül angestellt oder auch nur, mehr oder minder bewusst, eine Einschätzung der Erfolgsaussichten vorgenommen haben müssen. Deshalb, weil von den objektiven Bedingungen (die die Wissenschaft über statistische Regelmäßigkeiten, sowie objektiv einer Gruppe oder Klasse zuschreibbare Wahrscheinlichkeiten erfasst) dauerhaft eingeprägte (!) Dispositionen gleichermaßen Aspirationen wie Praxisformen erzeugen, die mit jenen objektiven Bedingungen in Einklang stehen und gleichsam vorgängig deren objektiven Erfordernissen und Anforderungen angepasst sind ..."[62] Es ergibt sich der Eindruck: Die Haltungen haben sich „dauerhaft eingeprägt" und die Akteure werden dadurch an die objektiven Anforderungen ihrer Lebensumstände „angepasst", so dass sie mit diesen im Einklang stehen? Angesichts einer Fülle in die gleiche Richtung weisender Formulierungen erscheinen die Habitūs als strukturierte Dispositionen, die als Ergebnis der kausalen Einflüsse objektiver Strukturen der jeweiligen Lebenswelt anzusehen sind – auch wenn sie Rückwirkung auf die objektiven Strukturen und Prozesse fähig sind. Will Bourdieu tatsächlich bei einem derart einseitig klingenden Kausalismus stehenbleiben? Und das, wo er doch ausdrücklich auf eine Kritik des Strukturobjektivismus und des Szientismus zielt? Im Rahmen seiner Kritik des „Objektivismus" vertritt er ja nachdrücklich die Auffassung, „dass wir alle Theorien aufzugeben haben, die explizit oder implizit die Praxis zu einer mechanischen, durch die vorhergehenden Bedingungen determinierten Reaktionsform stempeln, worein zugleich die Unterstellung eingeht, dass jene auf das mechanische Funktionieren vorgängig aufgestellter Apparaturen wie ‚Modelle', ‚Normen' oder ‚Rollen' zu reduzieren seien ..."[63]

Damit werden deterministische Denkmuster ausdrücklich zurückgewiesen. Es ergibt sich ein logischer Widerspruch, der nichts mit Dialektik zu tun hat. Bourdieu schreibt den Habitusformen gleichwohl über ihre Eigenschaft hinaus, Effekt strukturierender Strukturen zu sein, immer wieder einmal eine *eigensinnige* Rolle und Wirkungsmöglichkeit zu. Denn sie *wirken* gleichzeitig als „strukturierende Strukturen" auf die gegebenen Strukturen zurück. Vieles deutet darauf hin, dass Bourdieu seine Diskussion des Habitusbegriffs sowie real ausgeprägter Habitūs im Rahmen einer Art *Rückkoppelungsschleife (positiver feedback)* vorträgt. Grundlegende Sachverhalte („Strukturen") „produzieren" die Habitūs, während diese Dispositionen – umgekehrt – die „Strukturen" reproduzieren. „Der Habitus, dieser durch geregelte Improvisation dauerhaft begründete Erzeugungsprinzip – *principium importans ordinem ad actum*[64], wie die Scholastiker formulierten –, bringt Praxisformen und Praktiken hervor, die in dem Maße, wie sie dahin tendieren, die den objektiven Produktionsbedingungen ihres Erzeugungsprinzips immanenten Regelmäßigkeiten zu reproduzieren – wobei sie sich freilich ebenso den innerhalb einer gegeben Situation als objektive Potenzialitäten eingeschriebenen Erfordernissen und Zwängen anpassen (!) –, sich weder aus den punktuell als Summe der Stimuli, die jene Praxisformen hervorgerufen zu haben scheinen, definierten objektiven Bedingungen, noch aus den Bedingungen unmittelbar deduzieren lassen, die das dauerhafte Prinzip ihrer Produktion geschaffen haben ..."[65] Damit werden dem Habitus zwei wesentliche Eigenschaften zugeschrieben:

a) Die Habitūs lassen sich *nicht* eineindeutig aus strukturellen Faktoren deduzieren. Gleichwohl erscheinen sie als deren Effekt.

b) Sie sind eigenständiger Kausalität fähig; denn sie verkörpern das Potenzial zu einer Praxis, welche für die *Reproduktion* der strukturellen Zusammenhänge unabdingbar ist.

Bourdieu scheint also auch das Modell eines selbststabilisierenden Prozesses zu entwerfen, in dem die Individuen das von ihnen Verlangte meistens unbewusst oder vorbewusst vollstrecken. „Jedes Individuum, mag es das wissen oder nicht, wollen oder nicht, ist Produzent und Reproduzent objektiven Sinns: Da seine Handlungen und Werke Produkt eines *modus operandi* sind, dessen Produzent es nicht ist und die es bewusst nicht beherrscht, schließen sie, einem Begriff der Scholastik folgend, eine ‚objektive Intention' ein, die dessen bewussten Absichten stets übersteigt."[66] In der Tat gibt es Autoren, welche die in all dem scheinbar aufgehobene Argumentationsfigur eines sich selbst stabilisierenden Kreislaufes ausdrücklich das Prinzip der Dialektik sehen. So beschreibt N. Rescher eine „Prozessdialektik" in Analogie zur dialektischen Triade als eine Feedback-Schleife mit folgenden Stadien: Den Ausgangspunkt bildet ein bestimmtes Praxismuster, ein *modus operandi*. Aber es zeigt sich alsbald, dass einem erfolgreichen Verfahren schwere Hindernisse im Weg stehen. Es kommt daher im Falle gelingender Praxis zu einer „modifizierenden Wiederanpassung in Richtung auf effektives Funktionieren."[67] Auf ähnliche Weise klingt bei Bourdieu immer wieder der Unterton einer induzierten Anpassung an. Nicht nur, dass die „Verinnerlichung der gleichen objektiven Strukturen" zu übereinstimmenden Dispositionen in der Praxis führt[68], „der Habitus stellt das Produkt der Einprägungs- und Aneignungsarbeit dar, die erforderlich ist, damit die Hervorbringung der kollektiven Geschichte (Sprache, Wirtschaftsform usw.) sich in Form dauerhafter Dispositionen in allen, den gleichen Bedingungen auf Dauer unterworfenen, folglich den gleichen materiellen Existenzbedingungen ausgesetzten Organismen – die man, so man will, Individuen nennen kann – erfolgreich reproduzieren können."[69]

Der Gegenzug zu dieser Hauptlinie des Denken taucht gelegentlich ebenfalls auf. Die kausalistische Darstellung weist ohnehin ihre Lücken und Tücken auf. Denn z. B. zum schwierigen Begriff des „objektiven Sinns" bei Bourdieu passt die Merkmalsangabe, dass das Individuum aufgrund der Effekte der dem individuellen Leben allemal vorgeordneten „Strukturen", deren „objektiven" Anforderungen nicht annähernd im vollen Umfang bewusst ist, geschweige denn sie ohne alle Modifikationen vollstrecken kann. Wir gebrauchen die *gelernten* Regeln der Grammatik mehr oder minder erfolgreich (*to use*), ohne sie trotz aller Einpaukerei vollständig benennen (*to mention*) zu können. Und bei ihrem Gebrauch ergeben sich immer zugleich Abweichungen von der starren Regelbefolgung, die nicht schlechthin mit linguistischen Fehlern gleichzusetzen sind. Die Bedeutung dieses Tatbestandes hat Kant klar gemacht. Er betont, dass die Anwendung zahlloser Regeln für das Denken und Handeln eine *Urteilskraft* voraussetzt, die geübt, aber nicht wie die Regeln des 1x1 eingepaukt werden kann. Das eröffnet grundsätzlich einen

Spielraum für Modifikationen. Ähnlich trägt der Habitus immer auch *eigensinnig* zur Restrukturierung der gegebenen Strukturen bei. Der Regelkreis ist nicht geschlossen!

Bourdieus Einfluss auf zahlreiche andere Versuche, Aussagen über die Klassenstruktur mit Aussagen über die Mentalitäten und Praxisformen im Alltag logisch oder dialektisch konsistent zu verbinden, ist nicht zu unterschätzen. Denn es wird von ihm ein anregender Versuch gemacht, nicht nur den berühmten „subjektiven Faktor" als Wille, Bewusstsein und Unbewusstsein des Individuums einzubeziehen, sondern auch den Mentalitäten und Praxismustern in der alltäglichen Lebenswelt Rechnung zu tragen. Das ist und bleibt ein normalwissenschaftliches Rätsel nicht nur in der Tradition der Kritik der politischen Ökonomie. Doch der teilweise manifeste Kausalismus (Objektivismus) und die Tendenzen zur Darstellung der Habitusformierung als Tendenz zur Anpassung sowie die Berufung auf eine Dialektik, die mit deren Prinzipien nicht im Einklang steht, bleibt ein zusätzliches Problem.

Kapitel 2

Empirischer Charakter und Selbstbestimmung

Die Bestimmung des Menschen

J. G. Fichte (1762–1814) bezeichnet seine Philosophie als „Wissenschaftslehre." Diese wird entscheidend von Kants Schriften beeinflusst. Mitunter ist zu lesen, er habe gleichsam die Brücke zwischen Kant und Hegel geschlagen. Der Einfluss von Kant macht sich auch in Fichtes Schriften zur philosophischen Anthropologie, Ethik und Rechtslehre bemerkbar. Bei Kant heißt es in seinem Buch über „Anthropologie in praktischer Absicht", „eine Lehre von der Kenntnis des Menschen, systematisch abgefasst (Anthropologie), kann es entweder in *physiologischer* oder in *pragmatischer* Hinsicht sein. – Die physiologische Menschenkenntnis geht auf die Erforschung dessen, was die *Natur* aus dem Menschen macht, die pragmatische auf das, was er, als freihandelndes Wesen, aus sich selber macht, oder machen kann und soll."[1] Genau wie bei seiner Unterscheidung zwischen empirischem und intelligiblem Charakter werden die Einwirkungen der inneren und äußeren Natur auf die Verfassung die Person von der Fähigkeit des Subjekts unterschieden, sich selbst aus freiem Willen (innerhalb der Schranken seiner Psyche und/oder der äußeren Umstände) zu einem spezifischen Vorgehen zu bestimmen. Derartige Gegenüberstellungen erwecken den Eindruck, die tatsächlichen Verhältnisse seien im Rahmen einer Logik der *Dichotomien* oder *strikten Disjunktionen* darzustellen. Dichotomisierungen bedeuten von ihrem altgriechischen Hause aus eine Wegegabelung, Halbierung oder Spaltung. Die Wege gabeln sich, ohne dass es einen Mittelweg gäbe. Wege können sich jedoch gabeln, ohne dass sie zwangsläufig in einander *entgegengesetzte* Richtungen führen müssten. Doch oftmals wird eine Dichotomie alltagssprachlich zu einer *strikten Disjunktion* zugespitzt. Dann besteht ein strikter *Gegensatz* zwischen zwei Momenten. Das heißt: Es existiert keine Schnittmenge zwischen ihnen (*tertium non datur*).[2] Sein oder Nicht-Sein, das ist die Frage! Wenn (mindestens) zwei Gesetzesaussagen oder Gesetzeshypothesen in einem derartigen Ausschlussverhältnis zueinander stehen, dann handelt es sich um Thesis und Antithesis einer *Antinomie*. Fichtes philosophisch-anthropologischer Schrift über „Die Bestimmung des Menschen" lässt den Einfluss der Freiheitsantinomie aus der „Kritik der reinen Vernunft" (s. u.) deutlich erkennen. Das „zweite Buch" des Textes über die „Bestimmung des Menschen" wurde von Fichte in der Form eines sokratischen Dialogs abgefasst. Dieser spielt sich zwischen einem wohlwollenden Geist und dem Ich des Erzählers ab.

Im „ersten Buch" wird erst einmal *Zweifel* an der Selbständigkeit des Subjekts und seiner Urteilsfähigkeit über Sachverhalte gesät. Die philosophisch-anthropologische Ausgangsfrage lautet: „Aber, – was bin ich selbst, und was ist meine

Bestimmung?"[3] Was kann ich von mir und der Außenwelt mit welchem Grad der Gewissheit wissen? Richte ich meinen Blick auf die Dingwelt draußen, dann gewinne ich den Eindruck: *„Alles, was da ist, ist durchgängig bestimmt; es ist, was es ist, und schlechthin nichts anderes.*"[4] Das gilt auch für mich selbst. Denn *alles* ist durchgängig bestimmt und weist daher einen bestimmten Grund für sein Erscheinen auf. Angesichts dieses Tatbestandes bleibt mir nichts anderes als die Schlussfolgerung übrig: „Ich selbst, mit allem, was ich mein nenne, bin ein Glied in dieser Kette der strengen Naturnotwendigkeit ... Ich bin ein bestimmtes Wesen, das zu irgendeiner Zeit entstanden ist. Ich bin nicht durch mich selbst entstanden."[5] Damit ergibt sich eine (dem ersten Satz der Thesis der Kantischen Freiheitsantinomie entsprechende) deterministische Konsequenz: „Alles, was ich je bin und werde, bin ich und werde ich schlechthin notwendig, und es ist unmöglich, dass ich etwas anderes sei."[6] Zwar bilde ich mir oftmals ein, der Lebensführung eines „freien Wesens" mächtig zu sein. Aber das ist eine Illusion. Auf eine solche spielen heutzutage eine Reihe von Autorinnen und Autoren in den Sozialwissenschaften dann an, wenn sie behaupten, die Gesellschaft herrsche den Individuen das Missverständnis auf, über einen freien Willen zu verfügen. In Wahrheit, worüber offensichtlich allein diejenigen verfügen, welche diesen Befund verkünden und sich selbst dabei von der Illusion ausnehmen müssen, kommt der Schein deswegen ins Spiel, damit die Personen umso engagierter als Charaktermasken im gesellschaftlichen Getriebe funktionieren. In einer mittleren Phase der Entwicklung seines Werkes schreibt beispielsweise M. Foucault, das moderne Denken sei sich darüber im Klaren, dass es unmöglich ist, „weiterhin die Geschichte und die Gesellschaft vom Subjekt und vom menschlichen Bewusstsein aus zu denken." Denn „die Reduktion des Menschen auf die ihn umgebenden Strukturen scheint mir charakteristisch für das gegenwärtige Denken und somit ist die Zweideutigkeit des Menschen als Subjekt und Objekt jetzt keine fruchtbare Hypothese, keine fruchtbares Forschungsthema mehr."[7] Wir alle zappeln gleichsam wie Marionetten an den strukturellen Regeln „des" Diskurses. Derartige Thesen finden auch die Zustimmung von N. Luhmann: „Eine kritische Theorie der Gesellschaft, die sich die Anspruchsstellung des Subjekts zu eigen macht, operiert vielleicht nur unter den Zwängen einer Problem- und Denkgeschichte, deren Optionen ihr nicht mehr gegenwärtig, nicht mehr verfügbar sind."[8] Bei Fichte führt der Weg eines derartigen Zweifels letztendlich zur Auffassung, sämtliche seiner selbst bewussten Lebensäußerungen des Individuums stellten den Effekt von Einwirkungen dar: „Im *unmittelbaren Selbstbewusstsein* erscheine ich mir als frei; durch *Nachdenken* über die ganze Natur finde ich, dass Freiheit schlechterdings unmöglich ist; das erstere muss dem letztern untergeordnet werden, denn es ist selbst durch das letztere sogar zu erklären."[9]

Diese Annahme steht dem also hart entgegen, was jedes menschliche Individuum für sich auf je bestimmte Weise in Anspruch nimmt. *„Ich selbst,* dasjenige, dessen ich mir als meiner selbst, als meiner Person bewusst bin, und welches in jenem Lehrgebäude (des Determinismus – J. R.) als bloße Äußerung eines Höhern erscheint, – ich selbst will selbständig sein, – nicht an einem andern, und durch ein anderes, sondern für mich selbst Etwas sein; und will, als solches, selbst der letzte Grund meiner Bestimmung sein."[10] Die Standpunkte prallen offensichtlich hart aufeinander. Das Resultat ist ein „unerträglicher Zustand der Ungewissheit, und der Unentschlossenheit!"[11] Was ist nun die Bestimmung des Menschen? Im zweiten Buch von Fichtes Nachdenken über dieses Problem erscheint ein merkwürdiger Geist, der dem „Ich" mit den Mitteln der sokratischen Argumentation einen Weg aus Zweifel und Verzweiflung weisen will, indem er dabei hilft, die Möglichkeiten und Grenzen menschlichen Wissens und Wollens auszuloten.

Die Untersuchung des Wissens führt dabei zu einem Ergebnis, das Fichtes üblicher Einordnung in die Rubrik des „absoluten Idealismus" widerspricht: „Es ist überall nichts außer meiner Vorstellung – ist ein lächerlicher, törichter Gedanke, den kein Mensch in vollem Ernste äußern könnte, und der keine Widerlegung bedürfe."[12] Am Ende dann, im dritten Buch mit der Überschrift „Glaube" führen alle Wege zur Selbstbestimmung als dem Wesenskern des Menschen zurück. Für Fichte gilt letztendlich: „Nicht bloßes Wissen, sondern nach deinem Wissen *Tun* ist Deine Bestimmung; so ertönt es laut im Innersten meiner Seele, sobald ich nur einen Augenblick mich sammle und auf mich selbst merke ... zum Handeln bist du da; dein Handeln und allein dein Handeln bestimmt deinen Wert."[13] Folgt ein Individuum der Aufforderung, sich selbst und an sonst nichts anderes zu denken, dann wird es zu einer Handlung aufgefordert, die es aus sich heraus, selbständig vollziehen oder unterlassen kann. „Wenn ich (auf diese Weise bewusst und selbstbestimmt – J. R.) handeln werde, so werde ich ohne Zweifel wissen, dass ich handle und wie ich handle; aber dieses Wissen wird nicht das Handeln selbst sein, sondern ihm nur zusehen", seiner inne werden.[14] Das Fazit lautet: „Ich soll selbständig sein. – Wer bin ich? Subjekt und Objekt in einem, das allgegenwärtig Bewusstseiende und Bewusste, Anschauende und Angeschaute, Denkende und Gedachte zugleich. Als beides soll ich durch mich selbst sein, was ich bin ..."[15] Es bringt nichts außer vielleicht das Gefühl erfolgreicher Abrechnungshermeneutik, Fichtes Denken als nichts denn eine Ausdruck des bürgerlichen Freiheitspathos' im Anschluss an die Französische Revolution abzuwerten. Bei allen zeitgebundenen Implikationen und Vorurteilen, die natürlich auch dieses Denken aufweist, ist es wohl sinnvoller, daran zu erinnern, dass der Anspruch auf Selbstbestimmung und Freiheit, Auflösung von Zwang und Unterdrückung in der Geschichte weit verbreitet war. Er stellt keine illusionäre Erfindung des bürgerlichen Zeitgeistes dar! Die Arroganz des bürgerlichen Zeitgeistes offenbart sich eher da, wo „Freiheit" oder „Gerechtigkeit") überhaupt erst als Errungenschaft der Moderne zum beachtenswerten Thema geworden sein sollen.

Kants Freiheitsantinomie

Kant hat im Abschnitt über „transzendentale Dialektik" der „Kritik der reinen Vernunft" Widersprüche benannt, in die sich unsere Vernunft verrennen *muss*, wenn sie die Grenzen der Erfahrung überschreitet und dabei eine direkte (*intentio recta*) Einsicht in die Dinge an sich in Anspruch nehmen will. Das oberste Vernunftvermögen verfolgt demgegenüber das Ziel, die vom Anschauungsvermögen (mithilfe der „Formen der Anschauung" Raum und Zeit) und dem Verstand (mithilfe der Kategorien) geleistete Synthesis und Organisation des in den Sinnen Erscheinenden zur größtmöglichen Einheit unter Prinzipien zu bringen. „Der Verstand mag ein Vermögen der Einheit der Erscheinungen vermittelst der Regeln sein, so ist die Vernunft das Vermögen der Einheit der Verstandesregeln unter Prinzipien."[16] Die Vernunft sucht gleichsam nach immer allgemeineren Voraussetzungen allgemeiner Voraussetzungen von Schlussfolgerungen und nach immer umfassenderen und genaueren Randbedingungen für das Auftreten eines Ereignisses. Das sind Ziele, die wir notwendigerweise im Interesse der Wissenserweiterung und Wissenssystematisierung verfolgen *müssen*, ohne sie jemals erreichen zu *können*. Ein *dialektischer Schein* entsteht dann, wenn diese die Grenzen unserer Erfahrungen überschreitenden Systematisierungen als *unmittelbare* Einsichten in die Welt der Dinge an sich missverstanden werden. Kant setzt sich mit Behauptungen der spekulativen Psychologie, Kosmologie und Theologie auseinander, die solche spekulativen Einsichten reklamieren. Weil die Grenzüberschreitungen der reinen Vernunft gleichwohl unerlässlich sind und dabei zugleich die Gefahr besteht, dass der Anspruch erhoben wird, synthetische (erfahrungserweiternde) Urteile formulieren zu können, die sich *unmittelbar* auf (ansichseiende) Sachverhalte beziehen, die jenseits der Grenzen unserer Erfahrungsmöglichkeiten liegen, nahezu unvermeidlich ist, verrennt sich die Vernunft unvermeidlich in Widersprüche. Der dialektische Schein bedeutet gleichsam einen *notwendigen Schein*. Kant bearbeitet drei Typen solcher Gegenläufigkeiten:

- Im Bereich der spekulativen Psychologie entstehen die *Paralogismen der reinen Vernunft*.
- Im Bereich der Kosmologie finden sich die *Antinomien der reinen Vernunft*.
- Im Bereich der Theologie als spekulative Gotteskunde stiften die *Ideale der Vernunft* das Problem.[17]

Paralogismen bedeuten Fehlschlüsse, die aufgrund der Grenzüberschreitungen der reinen Vernunft im Rahmen der Seelenlehre entstehen. Dabei ergeben sich Scheinprobleme wie die, ob die Seele eine körperlose Substanz sei oder nicht.

Antinomien stellen – wie gesagt – Gesetzesaussagen dar, die einander strikt wie Thesis und Antithesis ausschließen. Die Besonderheit des Kantischen Antinomiebegriffs besteht allerdings darin, dass er zeigen will, dass Behauptung und Gegenbehauptung gleichermaßen gut beweisbar sind.

Ideale der Vernunft. Hier haben Gottesbeweise der Theologie ihren Ort. Keiner dieser Schlussfolgerung von bestimmten Prämissen auf die Existenz Gottes konnte bislang als konsistent ausgewiesen werden. *Ideale* sind nicht mit den *Ideen* der reinen Vernunft zu verwechseln, welche als „regulative Prinzipien" unseren Bemühungen nach immer höherer Systematisierung ein Ziel stecken.

Fichte wollte die (scheinbar) strikte Disjunktion zwischen Bestimmung und Selbstbestimmung in der „Tathandlung", wie Descartes im Akt des Sichselbstdenkens aufheben. Mich hat hingegen die Freiheitsantinomie (3. Antinomie) immer schon fasziniert. In verschiedenen Veranstaltungen und Veröffentlichungen habe ich zu zeigen versucht, dass der Tiefenstruktur der 3. Antinomie eine logische Ordnung des Diskurses über Bestimmung und Selbstbestimmung zu entnehmen ist, die weit über simple Dichotomien bzw. strikte Disjunktionen hinausgeht – von Pseudodialektiken gar nicht zu reden. Ich möchte hier die vorgeschlagene Deutung der Freiheitsantinomie noch einmal, nur leicht erweitert, in Erinnerung bringen.

Zur logischen Struktur der Freiheitsantinomie

Thesis

„Die Kausalität nach Gesetzen der Natur ist nicht die einzige, aus welcher die Erscheinungen in der Welt insgesamt abgeleitet werden können. Es ist noch eine Kausalität durch Freiheit zur Erklärung derselben notwendig."

Kommentar

Die Thesis setzt sich offenkundig aus zwei Teilsätzen zusammen:

- *Satz 1:* Zweifellos gibt es eine Fülle von Kausalfaktoren der inneren und äußeren Natur, auch der „zweiten Natur" als Gesellschaft, die unser gesamtes Leben, auch unsere selbstbestimmten Willensäußerungen hemmen oder ihnen Grenzen ziehen. Sie stecken äußere Rahmenbedingungen des Handelns ab, werfen Probleme auf und können den Willen vollends brechen. Dem entspricht in der Philosophiegeschichte die Position des Determinismus, demzufolge es sich grundsätzlich so verhält.
- *Satz 2:* Aber es gibt „Erscheinungen", Phänomene in der Welt, die nur dann angemessen erklärt werden können, wenn wir annehmen, wir verfügten über einen freien Willen. Zu ihrer Erklärung ist also die Annahme einer „Kausalität aus Freiheit", einer selbstbestimmten Willensäußerung unerlässlich. Dem entspricht die Position des Indeterminismus.

Antithesis

„Es ist (= gibt – J. R.) keine Freiheit, sondern alles in der Welt geschieht lediglich nach den Gesetzen der Natur."

Kommentar

- *Satz 3:* Eine jegliche menschliche Lebensäußerung stellt die Wirkung irgendwelcher inneren und äußeren Ursachen dar. Das ist die Position des strengen Determinismus.
- Eine Analyse der Tiefenstruktur der Antithesis führt jedoch zu einem impliziten Satz 4, der die Kantische Antinomie zu einer *strikten Antinomie* erweitert. Diese kann als die Elementarform des Prinzips der Dialektik angesehen werden (s. u.).
- Meine Deutungshypothese war und ist also, dass die Antithesis (Satz 3) aufgrund der Besonderheiten des Kantischen Naturbegriffs *unterschwellig* einen vierten Satz enthält. Auf die klarste und zugleich kontroverseste Weise kommt er in den „Prolegomena" von Kant zum Ausdruck.
- *Satz 4:* „Der Verstand schöpft seine Gesetze (a priori) nicht aus der Natur, sondern schreibt sie dieser vor."[18]

Kommentar

Entscheidend ist die Tatsache, dass es bei Kant in den „Prolegomena" *zwei* verschiedene Bedeutungen des Begriffs „Naturgesetz" gibt. Sie machen sich meistens in Doppeldeutigkeiten bestimmter Formulierungen bemerkbar. Beispiel: In der dritten Antinomie ist von der „Kausalität nach Gesetzen der Natur" die Rede. Dahinter muss die Vorstellung einer Gesetzmäßigkeit in der „Natur draußen" stehen! Den Bezugspunkt der Aussage bilden Gesetze der *Natur*. Das heißt: Es wird rein sprachlich auf universelle Kausalgesetze gezielt, die von den Naturwissenschaften natürlich unter Rückgriff auf unsere Bedingungen, überhaupt Einsichten in Naturzusammenhänge gewinnen zu können, erforscht werden. Es handelt sich mithin um Aussagen, die sich auf Gegebenheiten auf der *Objektseite* der Erkenntnis beziehen (äußere und innere Natur). Auf diese Seite zielt ja auch die manifeste Formulierung von Satz 3. Aber Kant spricht in erster Linie von „Gesetzen" dann, wenn es um bestimmte, allgemein verbindliche Regeln und Prinzipien zur Ordnung und Systematisierung unserer Erfahrungen geht! Dabei denkt er an bestimmte Prinzipien (Grundsätze) als *logisch apriorische Bedingungen der Möglichkeit von Erfahrungen überhaupt*.

Das heißt: Ohne sie in Anspruch zu nehmen, könnten wir gar keine einheitlichen Erfahrungen machen. Damit liegt der Akzent auf der *Subjektseite* der Erkenntnis. Welche spezifischen Gesetze sind jetzt gemeint? Er spricht auch in diesem Falle von „Naturgesetzen", nun aber im Sinne von Organisationsprinzipien unserer Naturerfahrung im Rückgriff auf logisch apriorische Grundsätze jeder Erkenntnis der Natur mit den Mitteln von Verstand und Vernunft! Er bezeichnet diese Grundsätze auch als Regeln a priori, denen keine anderen vorgeordnet sind, woraus sie abgleitet werden könnten.[19] Ein solcher Grundsatz als logische Bedingung der Möglichkeit, Erfahrungen über reale Naturzusammenhänge zu machen, lautet: *„Alle Veränderungen geschehen nach dem Gesetz der Verknüpfung von Ursache und Wirkung."*[20] Es handelt sich um das *Kausalprinzip*, das wahrlich einer Vielfalt von Erfahrungen und Erklärungen in Alltag und Wissenschaft zugrunde liegt. Der Funke (Ursache) ist ins Pulverfass gefallen und es hat einen gewaltigen Schlag getan (Wirkung). Kant spricht den Unterschied zwischen Gesetzen *der Natur* als regelmäßig erfahrbare Ereigniszusammenhängen „draußen" und *reinen Gesetzen* der Natur als logische Prinzipien der Naturerfahrung manifest durchaus an: „Wir müssen aber empirische Gesetze der Natur, die jederzeit besondere Wahrnehmungen voraussetzen, von den reinen oder allgemeinen Naturgesetzen, welche, ohne dass besondere Wahrnehmungen zum Grunde liegen, bloß die Bedingungen ihrer notwendigen Vereinigung in einer Erfahrung enthalten, unterscheiden ..."[21] Rein sprachlich geht es in dieser Aussage um *empirische Gesetze der Natur, also um wirkliche und mit Regelmäßigkeit auftretende Ereigniszusammenhänge in der inneren und äußeren Natur*. Dies widerspricht keineswegs der grundlegenden Einsicht der „Kritik der reinen Vernunft": „Die Natur" ist uns nicht unmittelbar als Ansichsein in der Erfahrung gegenwärtig, sondern nur als Inbegriff der *Erscheinungen* auf der Grundlage solcher *Grundsätze* der Naturerkenntnis wie das Kausalprinzip zugängig.

Aus derartigen Vorstellungen über „die" Natur sowie die Erfahrungsmöglichkeiten von Naturereignissen lässt sich der Freiheitsantinomie die Elementarstruktur einer *strikten Antinomie* entnehmen: Der Verstand schreibt der Natur in einer bestimmten Hinsicht die Gesetze vor und ist also kein rein determiniertes Vermögen. Beim dazugehörigen Rückgriff auf das Kausalprinzip geht es wie bei allen „Grundsätzen" der Naturerkenntnis um Operationen auf der Subjektseite. Sie werden oftmals gezielt, bewusst und selbständig in Anspruch genommen oder wirken unbewusst als Bedingungen der Möglichkeit von Erfahrung überhaupt. Das Individuum *macht* in zahlreichen Fällen absichtsvoll seine Erfahrungen und gewinnt *selbständig* und seines Vorgehens *bewusst* bestimmte Einsichten – immer auf der Grundlage derartiger logischen Voraussetzungen. Kant spricht zudem nicht zufällig von der „Spontaneität" des Verstandes. „Spontaneität" ist ebenfalls ein freiheitstheoretischer Begriff von der Art des Satzes 2. Außerdem bedarf es bei der Anwendung der Kategorien des Verstandes auf den Einzelfall der Urteilskraft, die praktisch geübt werden muss; denn es gibt keine absolut festen, unsere Eigenschaftszuschreibungen strikt festlegenden Regeln für die Einordnung von Gegenstandsmerkmalen in empirische Begriffssysteme, keine Regeln jedenfalls, welche die Qualität eines Algorithmus aufwiesen. Die Selbständigkeit des Urteils wird verlangt. Wenn all dem so ist und zudem die deterministische Gegenposition zurückgewiesen werden kann, der zufolge dies alles nur ein Ausdruck der Verdrahtungen unseres Hirns darstellt, *dann finden sich auch auf der Seite der Antithesis freiheitstheoretische Überlegungen, wie sie im Satz 2 der Thesis enthalten sind*. So gesehen ergibt sich eine eigentümliche Konstellation der Sätze der Freiheitsantinomie.

Die Gleichzeitigkeit von Ausschluss und Einschluss

1. Es gibt einen übergreifenden und strikten Gegensatz zwischen Thesis und Antithesis, zwischen Indeterminismus und Determinismus.

T ← g → A.
Legende:
T = Thesis.
A = Antithesis.
← g → = Strikter Gegensatz (tertium non datur).

2. Die Thesis enthält diesen übergreifenden Gegensatz zwischen T und A in Form der Sätze 1 und 2 selbst *in sich*. Denn sie bezieht sich sowohl auf Naturkausa-

lität als auch auf Willensfreiheit. Es besteht damit ein inneres Enthaltensein des äußeren Gegensatzes zwischen Thesis und Antithesis in T.

T[T ← g → A].

3. Unter Voraussetzung des skizzierten Bedeutungsfeldes des Kantischen Naturbegriffs gibt es jedoch auch auf der Seite der Antithesis freiheitstheoretische Begriffe und Aussagen. Sie wurden im Satz 4 zusammengefasst. Demnach enthält auch die Antithesis das Verhältnis von Indeterminismus und Determinismus in sich und drückt nicht nur einen einschränkungslosen Determinismus aus:

A [T ← g → A].

4. Daraus ergibt sich folgende Gesamtstruktur:

T[A ← g → T] ← g → A[T ← g → A]

Der übergreifende Gegensatz zwischen Determinismus und Indeterminismus verschwindet damit nicht zugunsten irgendeines ausgleichenden Prinzips. Diese Gleichzeitigkeit des Einschlusses und Ausschlusses eines Gegensatzverhältnisses bedeutet das elementare Merkmal einer strikten Antinomie. Diese weist weit über einfache Antinomien, schlichte Dichotomien und strikte Disjunktionen hinaus.

Ergänzende Merkmale einer strikten Antinomie

T. Kesselring hat die Kernstruktur strikter Antinomien zusammenfassend auf folgende Weise beschrieben: „Eine strikte Antinomie weist ... immer zwei sich gegenseitig *negierende* und zugleich *implizierende* Seiten (bzw. Bedeutungen) auf."[22] Das deckt sich mit der Struktur der um den Satz 4 erweiterten Freiheitsantinomie Kants.

- *Merkmal 1:* Es gibt einen strikten Gegensatz zwischen der die Willensfreiheit bestätigenden Thesis (Indetermination) und der Antithesis der grundsätzlichen kausalen Bestimmtheit jeder Willensäußerung (Determination). Es besteht mithin ein striktes *Ausschlussverhältnis (Negation)* zwischen Thesis und Antithesis. Logisch werden sie also durch das ausschließende *oder* aufeinander bezogen (Kontradiktion; Gegensatz). Es gibt jedoch keine Schnittstelle, kein

„drittes Vergleichendes“ zwischen den beiden gegensätzlichen Bestimmungen – *tertium non datur*. Es entsteht der Eindruck einer rein dichotomischen Beziehung. Aber dieser Eindruck täuscht aufgrund von Merkmal 2.

- *Merkmal 2:* Denn gleichzeitig enthalten beide, Thesis und Antithesis, das übergreifende Ausschlussverhältnis und damit den jeweiligen Gegenpol (oder bestimmte seiner Wesensmerkmale) in sich. Es besteht also logisch gleichzeitig ein *Einschlussverhältnis* (Implikation) zwischen den Gegensatzpaaren und/oder ihrer Wesensmerkmale.
- *Merkmal 3:* „Das Charakteristische an strikten Antinomien – so die Hypothese – besteht darin, dass dasjenige, was *negiert* wird, nicht irgendeine beiläufige Eigenschaft ist, sondern die *Selbstbeziehung*.“[23] Diese Eigenschaft kommt an der erweiterten Freiheitsantinomie nicht so ganz greifbar zum Vorschein. Doch auch in diesem Falle besteht eine Beziehung des einen Pols auf sich „durch den anderen hindurch.“ Denn jeder Pol (oder seine wesentlichen Bestimmungen) bedeuten ein Implikat des Gegenpols, zu dem er gleichwohl in einem strikten Gegensatz steht. Dabei wird die Position eines *grundsätzlichen* Determinismus wegen Satz 4 der Freiheitsantinomie auf beiden Seiten negiert. Insofern gibt es für den Beobachter und/oder ein bewusst lebendes Subjekt jene Beziehung auf sich im (gegensätzlichen) Anderssein, welche Hegel im Auge hat. Anders als bei ihm ist das eine mit dem anderen in letzter Instanz jedoch mit dem anderen *nicht* identisch (Nicht-Identität).
- *Merkmal 4:*
  a) Das logische Paradebeispiel für eine negierende Selbstbeziehung liefert selbstverständlich das Lügnerparadox. Es lässt sich logisch ganz einfach fassen: Eine mit definitivem Wahrheitsanspruch auftretende Behauptung lautet: „Diese Behauptung ist falsch!“ Ist sie nun wahr oder falsch? Eine Behauptung bezieht sich hierbei auf sich selbst (Selbstreferenz) und negiert – gleichwohl mit festem Wahrheitsanspruch! – ihren eigenen Wahrheitsanspruch. Die Affirmation impliziert ihre eigene Negation. Die Setzung impliziert ihre Entgegensetzung.
  b) Dem lassen sich aber auch konkrete, sachverhaltsbezogene Wendungen geben. *Selbstreferenz* gibt es in der Form *wirklicher Abläufe*, in der Form von *Reproduktionsprozessen* oder *autopoietischen Abläufen*. Ein Vorgang erzeugt (unter Umweltbedingungen) Mittel für die unter Umständen erweiterten Möglichkeiten seiner Wiederholung selbst. Die Produktion von Waren geschieht nicht zuletzt durch Arbeit, welche in der Produktion anderer Waren ausmündet, die der Warenproduktion dienen usf. (Sraffa). Wenn das nicht mehr geschieht, dann geht’s nicht mehr weiter. Die syntaktische Grundstruktur der Darstellung dieser Art Vorgänge entspricht einem expandierenden, stagnierenden oder schrumpfenden *Kreislauf*. Aber gleichzeitig setzt der Kreislauf aus sich heraus (endogen) Selbstgefährdungspotenziale frei (Destruktivität). Das lässt sich derzeit am Verhältnis

von Wirtschaftswachstum und Umweltgefährdung ablesen. Welche dieser Tendenzen die Oberhand gewinnt, hängt zu einem großen Teil von der menschlichen Praxis in historischer Situation ab.

c) Einen wichtigen Typus von Reproduktionsprozessen bilden diejenigen, welche – wie Hegel dies ausdrückt –, „in ihren Grund zurückgehen." Das heißt: Es gibt einen Ausgangs- und Rückkehrpunkt der Gesamtbewegung. Bei Marx geht die Gesamtbewegung des Kapitals von der Produktion (in Betrieben) aus, die dort erzeugten Waren werden durch Transporte auf „die Märkte" gebracht, wo sie in mehr Geld verwandelt werden sollen (Zirkulation I). Vom Konsum abgesehen wird das Geld – mithilfe von Banken, Versicherungen etc. – in Arbeitskräfte und Produktionsmittel investiert (Zirkulation II), auf dass der Betrieb, wenn's irgend geht, wachse (Akkumulation). Aber der Reproduktionsprozess enthält vielfältige Krisenpotenziale in sich, so kann es beispielsweise heftige Absatzkrisen geben. Die Produktion stockt.

- *Merkmal 5:* Der Titel von Kesselrings Buch lautet: „Die Produktivität der Antinomie". Dem lässt sich folgende Wendung verleihen: Strikte Antinomien enthalten ein *Gegensatzverhältnis* zwischen verschiedenen Momenten. Gegensätze können Entwicklungen, Differenzierungen und Leistungen *fördern*. So wie etwa im Falle des friedlichen Wettbewerbs. In diesem Fall kann sich die Antinomie als „produktiv" erweisen. Die Gegensätze können sich jedoch zerstörerisch auf den Reproduktionszusammenhang und/oder wesentliche seiner Bestandteile auswirken. Negativität wird damit gleich Destruktivität. Natürlich setzt diese Überlegung Normen voraus, anhand derer der Unterschied zwischen produktiven und destruktiven Gegensätzen überhaupt erst gemacht werden kann.

Kapitel 3

Zur Formation und Deformation des Sozialcharakters

Zur Formation des Sozialcharakters

Der Begriff des „Sozialcharakters" bezieht sich auf dauerhaftere Charakterzüge, welche sich bestimmten Einwirkungen sozialer Faktoren auf das Seelenleben von Menschen verdanken. Es handelt sich also um eine Kategorie des *Bestimmtseins* des Individuums. „Soziale Faktoren" erstrecken sich über ein ganzes Spektrum von Wirkungen. Sie reichen von Resultaten der Einflüsse, die für eine Person unmittelbar bedeutsame Bezugspersonen von Kindesalter an ausüben (Familie, Freunde, Kumpels in Subkulturen) bis hin zu den Kausalitäten, die von Gesamtordnung der gesellschaftlichen Lebensverhältnisse ausgehen. Die Charaktermaske der Person formiert sich hingegen unter der Einwirkung *ökonomischer* Faktoren wie sie heutzutage etwa von der spezifischen Arbeitsposition des Individuums im Gesamtkreislauf des Kapitals wirksam werden. Es gibt es die verschiedensten sozialpsychologischen Theoreme und Theorien, welche erklären wollen, wie es zur Formation des Sozialcharakters kommt. Bekannt und einflussreich sind natürlich Sigmund Freuds Thesen zur Stellung und den Funktionen des *Über-Ichs*. Er versteht darunter eine der drei Instanzen, welche für ihn die „Innenwelt", den „psychischen Apparat" des Individuums ausmachen. Es sind dies: Das *Es* (Unbewusstsein), das *Ich* und das *Über-Ich*.[1] „Die Macht des Es drückt die eigentliche Lebensabsicht des Einzelwesens aus. Sie besteht darin, seine mitgebrachten Bedürfnisse zu befriedigen."[2] Die elementaren Triebe stehen hinter den „Bedürfnisspannungen" des Es. „Sie repräsentieren die körperlichen Anforderungen an das Seelenleben."[3] Das Unbewusstsein wird vom Lustprinzip regiert. Die Trieblehre von Freud hat im Verlauf der Zeit einige Veränderungen erfahren. Aber die Libido (Eros) und der Todestrieb (Thanatos), der eine Destruktionsneigung verkörpert, gelten als Kernbestandteile der Freud'schen Lehre von den Trieben. „Das Ich hat sich die Aufgabe der Selbsterhaltung gestellt, die das Es zu vernachlässigen scheint."[4] Das Über-Ich entsteht aus der Verinnerlichung von Geboten, welche signifikante Andere geltend machen, letztlich aus internalisierten Normen, Regeln und Kriterien, die dem Individuum eine feste Ausrichtung seines Denkens und Handelns in seiner Kultur vorschreiben. Das Über-Ich gibt dem Individuum „Befehle, richtet es und droht ihm mit Strafen, ganz wie die Eltern, deren Stelle es eingenommen hat. Wir heißen diese Instanz das *Über-Ich*, empfinden sie in ihrer richterlichen Funktion als unser *Gewissen*."[5] Das Ich nimmt in diesem Bezugssystem der seelischen „Provinzen" eine höchst prekäre Stellung ein. „Nach unserer Voraussetzung hat das Ich die Aufgabe, den Ansprüchen seiner drei Abhängigkeiten von der Realität, dem Es und dem Über-Ich zu genügen und dabei doch seine Organisation aufrechtzuerhalten, seine

Selbständigkeit zu behaupten."[6] Das Ich folgt dabei dem Realitätsprinzip im Interesse der Selbsterhaltung des Individuums.

Der Prozess der Verinnerlichung von äußeren Geboten und der damit verbundenen Über-Ich-Bildung bedeutet einen komplexen psychischen Vorgang, den Freud letztendlich auf die selbst innerhalb der psychoanalytischen Tradition höchst umstrittene Theorie des Ödipuskomplexes zurückführt. „In der Tat ist das Über-Ich der Erbe des Ödipuskomplexes und wird erst nach der Erledigung desselben eingesetzt."[7] Es enthält zugleich ein destruktives Potenzial: „Mit der Einsetzung des Über-Ichs werden ansehnliche Beträge des Aggressionstriebes im Inneren des Ichs fixierst und wirken dort selbstzerstörend."[8] Insgesamt, so Freud, ist zu erkennen, „dass Es und Über-Ich bei all ihrer fundamentalen Verschiedenheit die eine Übereinstimmung zeigen, dass sie Einflüsse der Vergangenheit repräsentieren, das Es den der ererbten, das Über-Ich im wesentlichen den der von anderen übernommenen, während das Ich hauptsächlich durch das selbst Erlebte, also Akzidentielle und Aktuelle bestimmt wird"[9] Der von den anderen, „draußen" erworbene Anteil der „Seelenprovinzen" formiert den Sozialcharakter der Person.

Der von Freud sog. „Primärprozess" im Es läuft nach dem Lust-Unlust-Prinzip ab – abgesehen davon, dass auch die „normalen" Regeln der Logik keine Geltung im Unbewussten haben. Der übliche Begriff der „Lust" kann ein ungemein breites Spektrum umfassen. Es reicht von der Befriedigung elementarer Triebe bis hin zur Erfüllung heterogener und kulturell definierter Bedürfnisse im System der Strebungen des Individuums überhaupt. Unlust entsteht aus der misslingenden oder unzureichenden Bedürfnisbefriedigung. Schon Epikur von Samos (ca. 341–271 v. u. Z.) verkündete: Der Mensch strebt nach dem, „was ihm mangelt", nach all dem „wodurch sich das Wohlbefinden der Seele und des Körpers erfüllen würde. Denn nur dann haben wir ein Bedürfnis nach Lust, wenn wir deswegen, weil uns die Lust fehlt, Schmerz empfinden; (wenn wir aber keinen Schmerz empfinden), bedürfen wir auch der Lust nicht mehr. Gerade deshalb ist die Lust, wie wir sagen, Ursprung und Ziel des glückseligen Lebens."[10] *Hedone* bedeutet im Griechischen die Lust, die Begierde, den Genuss. Von daher wird Epikur der philosophischen Schule des *Hedonismus* zugerechnet. Ein Stück weit damit verwandt ist die Tradition des *Eudämonismus*. *Eudaimonia* wird oftmals mit „Glückseligkeit" übersetzt, wie sie mit einem guten Leben zusammen mit einer harmonischen und pflichtgemäßen Lebensführung verbunden ist. Zur „Glückseligkeit" gehört in einer Reihe von Fällen also mehr als nur die Erreichung von Lust und die Vermeidung von Unlust. Es können auch sittliche Stile der Lebensführung erforderlich sein, um wahre Glückseligkeit empfinden zu können. Von daher ließe sich eine gewisse Unterscheidung zwischen dem die Lebensführung gemäß einem sittliche Maximen und Prinzipien einschließenden Begriff der *Glückseligkeit* und dem engeren Begriff des *Glücks* vornehmen. Kant schreibt beispielsweise: „Der Mensch fühlt in sich selbst ein mächtiges Gegengewicht gegen alle Gebote der Pflicht, die ihm die Vernunft so hochachtungswürdig vorstellt, an seinen Bedürfnissen und Neigungen, deren ganze Befriedigung er unter dem Namen der Glückseligkeit zusammenfasst."[11] Das spezifische *Glück* ist an die Befriedigung der Bedürfnisse und Neigungen des Individuums gebunden. Und „glücklich zu sein, ist notwendig das Verlangen jedes vernünftigen, aber endlichen Wesens, und also ein unvermeidlicher Bestimmungsgrund seines Begehrungsvermögens."[12] Mit der Befriedigung der Bedürfnisse ist das Gefühl der Lust, mit ihrer Versagung das der Unlust verbunden.[13] Aus der die Kantische Ethik prägende Unterscheidung zwischen dem „Glückseligkeitsprinzip" und der „Sittlichkeit" – wobei das Sittengesetz dem Glücksstreben übergeordnet ist und daher z. B. über die sittliche Qualität von Neigungen entscheidet – folgt überhaupt nicht, dass hier grundsätzlich ein strikter *Gegensatz* bestünde. Die „reine praktische Vernunft will nicht, man solle die Ansprüche auf Glückseligkeit *aufgeben*, sondern nur, sobald von Pflicht die Rede ist, darauf gar nicht *Rücksicht* nehmen."[14] Ich ergänze: Es ist dann keine Rücksicht zu nehmen, wenn die Neigungen (etwa in der Form des Autoritarismus oder gar Gewaltbereitschaft) den Prinzipien des Sittengesetzes radikal widersprechen. Kant bezeichnet die Neigung auch einmal als „habituelle Begierde", die, wenn sie „gemäß einer allgemeinen Regel (allenfalls auch nur für das Subjekt) gültig zu sein geurteilt, *Interesse* heißt."[15] „Das" Interesse schlägt so gesehen die Brücke zwischen empirischen Maximen (hypothetischen Imperativen) und dem Sittengesetz (Kategorischer Imperativ) einerseits, dem System der Bedürfnisse (Neigungen) andererseits. Es wird also zu einem wichtigen Bestandteil der Formation von Charakter und Sozialcharakter.

Auf der Basis des fundamentalen Interesses an Selbsterhaltung (dem *principium sese conservare*) sind es Neigungen und Abneigungen – von elementaren Trieben bis hin zu komplexen kulturellen Bedürfnissen und sittlichen Maximen –, welche Art und Grad der Glückseligkeit des Individuums mitbestimmen. Bei den modernen Nationalökonomen heißen die Neigungen *Präferenzen*. Gemeint sind allerdings Vorlieben für Waren auf Märkten. Eine Ware wird bei Wahlhandlungen vor anderen bevorzugt und/oder gilt als gleichermaßen begehrenswert wie x andere. Waren, die gleichermaßen begehrt werden – graphisch als „Isoquante" dargestellt –, stiften, anders gesagt, den gleichen *Nutzen* für die Person. *Nutzen* bildet den Schlüsselbegriff der langen Tradition der *utilitaristischen* Anthropologie, Ethik und Wirtschaftslehre. Sie steht in enger Verbindung mit den Lehren von Hedonismus und Eudämonismus. Aristoteles hat im Angesicht der Wirtschaft seiner Zeit eine Unterscheidung zwischen Ökonomie und Chrematistik getroffen. Die Ökonomie bedeutet die Theorie des agrarischen Familienhaushaltes mit Sklaven, also des *oikos* als der Produktionszelle zur damaligen Zeit. „So ist denn eine Art der Erwerbskunst der Natur nach ein Teil der Hausverwaltungskunst. Sie muss vorhanden sein oder beschafft werden, damit von den Gütern, die in der Gemeinschaft des Staates oder des Hauses für das Leben notwendig und nützlich sind, diejenigen zur Verfügung stehen, die aufgespeichert werden können."[16] In diesem Zitat sind drei Kernbedeutungen von „nützlich" aufgehoben:

1. Für den Lebensunterhalt, für das System der Bedürfnisse tauglich und von daher einen *Nutzen* für das Individuum stiftend.
2. „Nützlich" als einem ganz bestimmten (etwa technischen) Zweck oder erfolgreicherer Problembearbeitung dienlich.
3. „Nutzen" im Sinne von Gebrauchswert eines Produkts, in Gesellschaften mit Austauschbeziehungen.

Die Ökonomie der Nutzenmaximierung bezeichnet Aristoteles als Chrematistik, als Gelderwerbskunst. Dazu findet er höchst aktuell klingende Worte: „Darum scheint die Erwerbskunst sich vor allem auf das Geld zu beziehen, und ihre Aufgabe scheint darin zu bestehen, zu erkennen, woher man das meiste Geld gewinnen kann."[17] Ein derartiges Streben prägt die Charaktermaske des geldgierigen Marktstrategen. Die moderne Nationalökonomie steht in der Tradition des Utilitarismus, der Chrematistik sowie in Wahlverwandtschaft zum Hedonismus ebenso wie zum Eudämonismus. Dabei beschreibt die gegenwärtig vorherrschende neoklassische Wirtschaftslehre des Volkes die kapitalistischen Charaktermasken als rational kalkulierende Einzelwesen, deren entscheidender Antrieb darin besteht, ihren Nutzen auf Märkten zu maximieren. Deswegen wählen sie, wenn sie vor verschiedenen Möglichkeiten des Vorgehens stehen, die Handlungen, von denen „sie glauben, sie führten zum besten Gesamtresultat."[18] Der grundsätzlich zweckrational handelnde und nutzenmaximierende Marktgänger „hat all seine widersprüchlichen Teilwerte miteinander in Einklang gebracht und ausbalanciert und sie zu einer einzigen Nutzenfunktion verschmolzen, die all diese zukünftigen Zustände der Welt nach seiner Präferenz ordnet."[19]

Zu den einflussreichsten Theorien zur Formation des Charakters und Sozialcharakters gehört zweifellos auch der *Behaviorismus*, der ebenfalls und besonders nachdrücklich auf dem Schema von *Lust und Unlust, Gratifikation* und *Deprivation* bzw. *Lohn und Strafe* aufbaut. Eine zweite prägende Kernvorstellung der Verhaltenstheorie wird durch das das *Reiz-Reaktionsschema* verkörpert. Interaktion besteht in Kausalität als Wechselwirkung. Es gibt einen Reiz, der von der Umwelt oder anderen Organismen ausgehend auf den Organismus O einwirkt, der darauf in einer bestimmten Art und Weise reagiert. B. F. Skinner (1904–1990) unterscheidet dabei *operant behavior* und *respondent behavior*. Das operative Verhalten wirkt auf die Umwelt ein und stabilisiert oder verändert sich je nach dem, wie die Reaktionen aus der Außenwelt ausfallen – günstig oder ungünstig. Das antwortende Verhalten wird von Reizen ausgelöst. Die einfachsten Beispiele für Reiz-Reaktionsbeziehungen liefern natürlich Instinkte und Reflexe, die durch einen irgendeinen Auslöser aktiviert werden. Pawlows Hunde sind und bleiben eine beliebte Illustration „bedingter Reflexe" sowie des Prozesses der „Konditionierung." Iwan Petrowitsch Pawlow (1849–1936) hatte immer dann einen Klingelton erklingen lassen, wenn die Hunde anschließend Futter bekamen. Nach kurzer Zeit sonderten sie schon Speichel ab, bevor sie ihr Futter überhaupt erhielten. Sie waren auf den Klingelton „konditioniert." Die wiederholte mehrmalige Belohnung eines Verhaltens verstärkt die Bereitschaft, es in vergleichbarer Situation erneut zu wählen. Es handelt sich um den Prozess des *reinforcement*, der Verstärkung einer Verhaltensbereitschaft.

Skinner ist einer der bekanntesten all jener Verhaltenstheoretiker, welche die behavioristischen Grundannahmen zu einer Lerntheorie ausgebaut haben, die teilweise praktisch in bestimmten Lernprogrammen umgesetzt wird. Die selbstverständlich facettenreich ausgebaute Verhaltenstheorie tritt mit dem Anspruch auf, menschliches Verhalten auf der Grundlage exakter Kausalanalysen genau wie in den experimentellen Naturwissenschaften erklären zu können. John B. Watson (1878–1958) gilt als der eigentliche Begründer des Behaviorismus. Er wendet sich gegen das Verfahren, die Seelenkunde auf „Introspektion", auf Mitteilung der Angaben von Personen über die eigenen seelischen Prozesse aufbauen zu wollen. Diese Vorbehalte haben dann später andere Behavioristen abgeschwächt. Bei allen Kritiken an der szientistischen Grundhaltung des Behaviorismus ist die Tatsache des *Bestimmtseins* des Willens bzw. der Prägung des Charakters durch kausale Einwirkung nicht zu leugnen. Das kritische Problem bleibt der Stellenwert, welcher der Selbststimmung im Rahmen dieser Art der Theoriebildung eingeräumt wird.[20] Einen weiteren Streitpunkt liefert daher das Verhältnis von Verhalten und Handeln, wie es z. B. M. Weber reflektiert. Handeln bedeutet für ihn ein menschliches Verhalten, „wenn und insofern als der oder die Handelnden mit ihm einen subjektiven Sinn verbinden."[21] Reines Verhalten besteht hingegen in Reaktionen auf kausale Stimuli. „Ein Zusammenprall zweier Radfahrer z. B. ist ein bloßes Ereignis wie ein Naturgeschehen. Wohl aber wären ihr Versuch einander auszuweichen, und die auf den Zusammenprall folgende Schimpferei, Prügelei oder friedliche Erörterung „soziales Handeln".[22] Damit hängt alles am Sinnbegriff, dessen Sinn wahrlich nicht leicht auszuloten ist. Einschlägig ist der Vorschlag, den der Logiker Gottlob Frege (1848–1925) gemacht hat. Er teilt den umfassenden Begriff von Sinn überhaupt in *Sinn* (Inhalt) und *Bedeutung* (Gegenstandsbezug) ein. Der Sinn einer Aussage oder eines Begriffs besteht in dem, was die Aussage als Inhalt umfasst (*propositionaler Gehalt*) oder was ein Begriff Sachverhalten als bestimmte Merkmale zuschreibt. Die Bedeutung besteht in dem, worüber etwas ausgesagt wird (Referenz) oder welche Sachverhalte überhaupt unter einen Begriff befasst werden können. In der Soziologie geht es oftmals um den Sinn von Handlungen. Dabei empfiehlt es sich, den Sinn, den die Akteure selbst mit ihren Handlungen verbinden (Aktorstandpunkt), von demjenigen Sinn zu unterscheiden, welcher den Akteuren aufgrund systematischer Beobachtungen als eigentlicher Beweggrund zugeschrieben werden kann (Beobachterstandpunkt). Sowohl beim Aktorstandpunkt als auch im Falle des Beobachterstandpunktes lässt sich eine Unterscheidung zwischen dem *kognitiven*

Aktorsinn und dem *Handlungssinn* treffen. Damit können einschlägige Bedeutungen von „Sinn" und „Bedeutung" in den Rahmen der Handlungstheorie einsortiert werden:

- A1: *Aktorstandpunkt: Kognitiver Aktorsinn*. Beispiele: Wissen, Weltanschauungen, Situationsdeutungen, normative und antizipatorische Erwartungen, Wertmaßstäbe, Hoffnungen, Phantasien, Problembewusstsein, aber auch Illusionen, Vorurteile, Ideologien, Verschwörungstheorien etc. Es geht um kognitive Gehalte bei den Handelnden selbst.
- A2: *Aktorstandpunkt: Handlungssinn*. Beispiele: Motive, Ziele Zwecksetzungen, Strategien der Problembearbeitung, Handlungsgründe, Orientierungen an Normen, Regeln und Kriterien etc.
- B1: *Beobachterstandpunkt: Kognitiver Aktorsinn:* Wissen über den kognitiven Aktorsinn der beobachteten Personen (z. B. Aufdeckung unbewusster Handlungsantriebe). Oder: Welche Strategien wählen die Akteure mit welchem Grad des Erfolgs bei der Problembearbeitung? Die Beobachterinnen und Beobachter bemühen sich um das *Verstehen* des (unter Umständen unbewussten) kognitiven Sinns, der mit dem Vorgehen der Akteure verbunden ist.
- B2: *Beobachterstandpunkt: Handlungssinn*. Befunde über handlungsleitenden Sinn im Zuge der *Praxis* der Akteure. Das Sinnverstehen von Handlungen ist nicht gleich einer Kausalanalyse des Verhaltens der beobachteten Personen wie Weber betont hat. Es geht um Untersuchungen über die Folgen von Maximen, Wissensbeständen, Strategien der Problembearbeitung etc., die sich als handlungsleitende Momente bei den Akteuren feststellen lassen Die triftigsten Einsichten in regelorientiertes Handeln wird erreicht, wenn die Beobachter *sich selbst praktisch auf die Regel verstehen*, denen die beobachteten Personen folgen. Die Ergebnisse von Regelverstehen sind dann kein Jota weniger stichhaltig als die Resultate der empirischen Beobachtung von Kausalzusammenhängen. Selbstverständlich zielt Sinnverstehen auch auf das Verstehen des Sinns von *Texten* (wie Literatur) oder auf *Diskurse* irgendwelcher Gruppierungen.

In Lern- und Erfahrungsprozessen erworbene Sinn-Orientierungen machen offensichtlich einen herausragenden Bestandteil des Charakters von Menschen aus.

Abwehrmechanismen und Charakterschwächen

Der Sozialcharakter wird nicht nur formiert, sondern auch durch eine Reihe innerer und äußerer Faktoren und Umstände deformiert.

Anna Freud (1895–1982) – Tochter von Sigmund Freud – hat die psychoanalytische Therapie erstmals systematisch in der Kinderpsychologie angewandt. Von besonderem Einfluss ist bis auf den heutigen Tag ihre Schrift über Abwehrmechanismen geblieben, worin sie Grundgedanken ihres Vaters weiterführt.[23]

Das Ich muss ja den schwierigen Balanceakt vollbringen, den Ansprüchen des Es, des Über-Ichs sowie der Umwelt ohne Gefährdungen seiner selbst gerecht zu werden. Abwehrmechanismen dienen gewissermaßen dem unbewussten Ausweichen vor seelischen Bedrohungen und Überforderungen. Teilweise haben sie tatsächlich den Effekt, dem Individuum Schutz zu gewähren, in anderen Fällen entstehen jedoch neue seelische Probleme, die den Charakter der Person ebenfalls prägen. Eine Liste der Abwehrmechanismen nach Sigmund und Anna Freud lässt sich folgendermaßen zusammenstellen:

1. *Identifikation:* Das Individuum identifiziert sich mit einer Person oder mit Einrichtungen, die bestimmte Qualitäten aufweisen, welche für die jeweilige Person unerreichbar sind. Dadurch nimmt sie gleichsam an der Größe des Vorbildes Anteil. Die Identifikation mit dem Aggressor wirkt oftmals sowohl angstmindernd als auch traumatisch. Bekannt ist dieser Mechanismen beispielsweise im Zusammenhang mit Geiselnahmen.
2. *Introjektion:* Verinnerlichung bedeutet im Kern eigentlich keinen Mechanismus zur Angstabwehr, sondern ist nicht zuletzt für die Über-Ich-Bildung maßgebend. Normen, Regeln und Kriterien der gesellschaftlichen Lebenswelt werden aufgrund der Beziehung zu signifikanten Anderen zu einem festen Bestandteil des Charakters. Verinnerlichung kann auch dabei helfen, Ängste angesichts äußerer Ansprüche zu mildern.
3. *Kompensation:* Ein problematischer Charakterzug wird durch die Übersteigerung eines anderen kompensiert.
4. *Phantasie:* Sie wird mitunter zu den Abwehrmechanismen gerechnet, weil unerfüllbare Wünsche in das Reich der reinen Vorstellung abgeschoben werden. Aber ein phantasieloser oder phantasiearmer Mensch leidet doch wohl an einer geistigen Verkümmerung.
5. *Projektion:* Persönliche Defizite, die als solche gemeinhin infrage gestellt werden sowie moralische Fehlhaltungen, die gleichwohl zu den eigenen Charakterzügen gehören, werden anderen zugeschrieben. Die anderen Personen werden dann genau wegen dieser Eigenschaften diskriminiert, wenn nicht verfolgt.
6. *Rationalisierung:* Im Grunde wird damit ein Grundmechanismen der Ideologienbildung bei einer Person beschrieben. Das Individuum macht sich selbst und anderen mit systematischen Argumenten etwas vor. Es entsteht der *Schein* eines gerechtfertigten Denkens und Handelns, während in Wahrheit z. B. Machtinteressen dahinterstehen. So weisen kollektive Rechtfertigungsideologien eine Gleichzeitigkeit von Vernunft und Unvernunft auf. Es soll mit Argumenten begründet werden, warum der besondere Durchsetzungsanspruch der eigenen fragwürdigen Interessen legitim ist und die der anderer nicht.

7. *Reaktionsbildung:* Dabei geht es um die Abwehr unbewusster Triebansprüche dadurch, dass ein gegenteiliges Handeln an den Tag gelegt wird. Zum Beispiel einem an sich verachteten Menschen wird mit ausgesuchter Höflichkeit begegnet.
8. *Sublimierung:* Vom römischen Sprachgebrauch her geht es darum, etwas auf ein höheres Niveau zu heben, es gleichsam zu veredeln. In Falle von Sublimierung als Abwehrmechanismus werden gesellschaftlich nicht-lizensierte Triebansprüche und Bedürfnisse in eine gesellschaftlich anerkennungsfähige Form transformiert. Nach Freud werden z. B. bestimmte Triebansprüche zu künstlerischen Aktivitäten sublimiert.
9. *Ungeschehen machen:* Als unmoralisch angesehene Wünsche und Aktionen führen zu gesteigerter Bußfertigkeit. Dadurch können sie als eigentlich ungeschehen empfunden werden.
10. *Verdrängung:* Das Ich drängt unerwünschte oder bedrohliche Impulse in das Es zurück. Dadurch können jedoch schwerwiegende psychische Probleme entstehen, die sich z. B. in Symptomen äußern. Sprachliche Fehlleistungen, die den unbewussten Wunsch erkennen lassen („Freud'scher Versprecher"), liefern ein vergleichsweise harmloses Beispiel dafür.
11. *Verleugnung:* Unangenehme Aktionen und Gegebenheiten werden dadurch „entschärft", dass sie so behandelt werden, als wären sie gar nicht vorhanden.
12. *Verschiebung:* Bestimmte Gegebenheiten rufen feindselige Gefühle hervor. Die Angst vor einem bestimmten Sachverhalt, wird dadurch gemildert, dass sie sich auf einen objektiv weniger bedrohlichen Sachverhalt richtet. Die Wut auf den Boss wird bei dessen Sekretärin abgeladen.

Es zeigt sich, dass die Abwehrmechanismen zwar oftmals Charakterdeformationen erzeugen, jedoch in einigen Fällen (z. B. im Falle der Sublimierung) es dem Ich überhaupt erst ermöglichen, den Balanceakt zwischen Es, Über-Ich und Umwelt einigermaßen erfolgreich durchzustehen. Bestimmung und Selbstbestimmung sind im Falle der Abwehrmechanismen eng miteinander verwoben.

Zur Deformation des Charakters – Die autoritäre Persönlichkeit[24]

Kurz vor seiner Emigration in die USA hat Adorno gegenüber Horkheimer geäußert, angesichts der sich klar abzeichnenden Repressivität des Nazi-Regimes wären Studien über die „Dialektik von Kultur und Barbarei" am Platz. Er spielt damit wohl auf die VI. geschichtsphilosophische These von Walter Benjamin an. „Es ist niemals ein Dokument der Kultur, ohne zugleich ein solches der Barbarei zu sein."[25] Das Antisemitismusprojekt, das vom Institut für Sozialforschung im amerikanischen Exil mit der Unterstützung des „American Jewish Congress" 1943 begonnen wurde, lässt sich in der Tat als eine Studie zum Verhältnis von Kultur und Barbarei ansehen. Horkheimer hatte damals die psychoanalytisch ausgebildeten Psychologen R. Nevitt Sanford und Daniel J. Levinson für die Unterstützung des Projekts gewonnen. E. Frenkel-Brunswik, die vor ihrer Flucht am Psychologischen Institut in Wien gearbeitete hatte, erklärte sich ebenfalls zur Mitarbeit bereit. Eine Dokumentation wesentlicher Forschungsergebnisse wurde dem American Jewish Congress im Mai vorgelegt, der eine Verlängerung des Projektes bewilligte. Adorno hatte Horkheimer schon in der Vorbereitungsphase mit seiner Idee bekannt gemacht, einen Fragebogen zu entwickeln, der es erlauben sollte, antisemitisches Potenzial zu erheben. Ergebnis der umfänglichen Planungen, Detailarbeiten, Gespräche, Tests und Pretests ist die inzwischen klassische Studie über die „Autoritäre Persönlichkeit." Sie wird von dem Anspruch geleitet, das potenziell faschistische Individuum ausfindig zu machen. Das ist „ein Individuum, dessen Struktur es besonders empfänglich für antidemokratische Propaganda macht."[26] Es geht also gar nicht in erster Linie um Personen, die ein manifest-faschistisches Gehabe an den Tag legen oder als Mitglieder und Sympathisanten faschistischer Organisationen und „Kameradschaften" auffällig werden, sondern um psychische Tiefenstrukturen sowie latente Einstellungen, die ein antidemokratisches Potenzial erkennen lassen. Anders ausgedrückt: Den Bezugspunkt der Studie bilden Personen, deren Äußerungen auf Fragen eine faschistische, antisemitische und rassistische Vorurteilsstruktur erkennen lassen. Über die einschlägigen Einstellungsforschung hinausgehend, sollte die Studie den Zusammenhang zwischen Ideologien und tiefsitzenden menschlichen Antrieben und Bedürfnissen kritisch durchleuchten. Eine zentrale These der Autoren lautet, „dass (1) der Antisemitismus wahrscheinlich keine spezifische oder isolierte Erscheinung ist, sondern Teil eines breiteren ideologischen Systems, und (2), dass die Empfänglichkeit des Individuums für solche Ideologien in erster Linie von psychologischen Bedürfnissen abhängt."[27]

Die Forschungsmethoden der Authoritarian Personality entsprechen der sog. „Skalentechnik." Einstellungen werden auf bestimmten Skalen gemessen, hinter denen meist Stellungnahmen der Befragten zu irgendeinem „Grundreiz", zu Fragen stehen, bei denen Antworten Anhaltspunkte dafür liefern sollen, welche Einstellungen dahinterstehen. Eine vergleichsweise einfache Skala dieser Art stellt die Likert-Skala dar. Sie ist nicht nur in der AP, sondern bis auf den heutigen Tag (nicht bloß in der Form von „Psychotestes" in bunten Illustrierten oder in der Marktforschung) in Gebrauch. Die Likert-Skala weist den Rang einer Ordinalskala (Rangskala) auf. Es gibt eine Rangfolge der Art $x > y > z$, wobei es sich inhaltlich z. B. um die Relation „größer als" o. ä. handeln kann. Doch um wie viel x größer ist als y, darüber gibt eine Ordinalskala keine Auskunft. Sie enthält keinen Nullpunkt. Bei der Likert-Skala, deren sich die AP bedient, konnten die Befragten Sätzen, die eine bestimmte Meinung implizieren, in drei Graden (+1, +2 und +3) zustimmen, also schwach, mittel und stark. Oder sie konnten sie gemäß der Stufen -1, -2, -3 ablehnen. Ob die starke Ablehnung einer der Sätze des Fragekatalogs bei einer befragten Person genau so groß wie bei einem anderen ist, dazu lässt sich aufgrund der mathematischen Eigenschaften einer Ordinalskala nichts sagen. Die

Befragten müssen entweder einem *statement* der Skala zustimmen oder dieses ablehnen. Einen neutralen Punkt 0 gibt es nicht, sonst könnten die Versuchspersonen der Antwort allzu leicht ausweichen. Den *statements* liegen verschiedene Materialien zugrunde: z. B. agitatorische Reden und Zeitungsartikel. Nach einigen Pretests, wobei statistisch nicht „trennscharfe" Aussagen ausgeschieden wurden, war die F-Skala (Faschismusskala) einsatzbereit. Sie sollte die Schafe von den Böcken scheiden. Das heißt: Im idealen Fall würden alle diejenigen, welche eine latent faschistische Einstellung aufweisen, allen auf antidemokratisches Potenzial zielenden Aussagen +3 zustimmen (die „Highs"). Die andere Flügelgruppe, die der entschiedenen Demokraten, würde sämtliche nach Faschismus und Autoritarismus klingenden *statements* ablehnen -3 (die „Lows"). Die tatsächlichen Ergebnisse entsprechen natürlich nicht diesem Idealtyp. Aber es gibt signifikante Häufungen der Reaktionen, die in die eine oder in die entgegengesetzte Richtung weisen. Die Autoren trauen der F-Skala mithin zu, tiefsitzende Charakterstruktur zum Vorschein zu bringen. Den Hypothesen über das Verhältnis von Charakterstrukturen und den erhobenen Meinungsäußerungen der Befragten liegt die Psychoanalyse Freuds zugrunde. Die auf diesem theoretischen Hintergrund abgeleiteten Charakterzüge hat Adorno im Falle der „Highs" als „Syndrom" bezeichnet und zusammengestellt:[28]

1. *Konventionalismus:* Den autoritären Charakter kennzeichnete damals eine starre Bindung an herkömmliche Werte des alten und neuen Mittelstandes. Insbesondere kleinbürgerliche Werthaltungen erscheinen als fest verinnerlicht. Ein *item*, das diese Dimension des autoritären Charakters indizieren soll, lautet: „Gehorsam und Respekt gegenüber Autorität sind die wichtigsten Tugenden, die Kindern lernen sollen."[29]
2. *Autoritäre Unterwürfigkeit:* Sie offenbart sich in der Bereitschaft, sich bedenkenlos von der eigenen Gruppe idealisierten Autoritäten zu unterwerfen. Beispielaussage: „Was dieses Land vor allem braucht, mehr als Gesetze und politische Programme, sind ein paar mutige, unermüdliche, selbstlose Führer, denen das Volk vertrauen kann."
3. *Autoritäre Aggression:* Sie wurzelt in der Tendenz, nach Menschen Ausschau zu halten, die konventionelle Normen verletzen, um sie zu diskriminieren und zu bestrafen. Beispielaussage: „Was die Jugend am meisten braucht, ist strikte Disziplin, harte Entschlossenheit und den Willen, für Familie und Vaterland zu arbeiten und zu kämpfen."
4. *Anti-Intrazeption:* Sie besteht in mangelnder Selbstreflexion. Der kritische Blick auf sich selbst wird abgewehrt. Beispiel: „Wenn jemand Probleme und Sorge hat, sollte er am besten nicht darüber nachdenken, sondern sich mit erfreulicheren Dingen beschäftigen."
5. *Aberglaube und Stereotypie:* Zum autoritären Charakter gehören Verschwörungstheorien. Zudem kennzeichnet ihn Denken in starren Kategorien. Beispiel-

aussage für sein Schwarz-Weiß-Denken: „Die Menschen kann man in zwei Klassen einteilen: die Schwachen und die Starken."

6. *Macht und Robustheit:* Den Kern dieser Einstellung bildet ein Denken in Kategorien der Macht und Herrschaft, Führer und Gefolgschaft. Dazu gehört die Identifikation mit Führerpersönlichkeiten – so wie dies Freud in seiner Studie über „Massenpsychologie und Ich-Analyse" beschrieben hat.[30] Robustheit und Stärke werden – wie heutzutage von Machos – in übertriebener Form zur Schau gestellt. Beispiel-*Item:* „Weder Schwächen noch Schwierigkeiten können uns zurückhalten, wenn wir genug Willenskraft haben."
7. *Destruktivität und Zynismus:* Den autoritären Charakter kennzeichnen grundsätzlich feindselige, aggressive Haltungen sowie die Bereitschaft zur Verleumdung aller Anzeichen von Menschlichkeit. Beispielaussage: „Es wird immer Kriege und Konflikte geben, die Menschen sind nun einmal so."
8. *Projektivität:* Unbewusste Impulse werden nach außen projiziert. Diese Einstellung geht oftmals mit Verschwörungstheorien einher. Beispielaussage: „Die meisten Menschen erkennen nicht, in welchem Ausmaß unser Leben durch Verschwörungen bestimmt wird, die im Geheimen ausgeheckt werden."
9. *Starre sexuelle Tabus:* Beispielaussage: „Die sexuellen Ausschweifungen der alten Griechen und Römer waren ein Kinderspiel im Vergleich zu gewissen Vorgängen bei uns, sogar in Kreisen, von denen man es am wenigsten erwarten würde."

Eine Reihe der *items* der F-Skala sind eindeutig dem Geist der damaligen Zeit verpflichtet und würden sich heutzutage sehr wahrscheinlich in Pretests nicht einmal annähernd als „trennscharf" erweisen, das heißt nicht zu einer statistisch signifikanten Unterscheidung zwischen „Highs" und „Lows", des autoritären vom demokratischen Charakter beitragen. Der autoritäre Charakter hat sich in Lauf in seiner Zusammensetzung gewiss als Syndrom, als eine Einheit von Symptomen, die einen latenten Autoritarismus, wenn nicht gar eine faschistische Gesinnung erkennen, gewandelt.[31] Seine „innere organische Zusammensetzung" hat sich verändert. Aber das heißt nicht, dieses Syndrom sei im Zeitverlauf vollends verschwunden. Es bedeutet alles andere als einen Zufall, dass ein Vortrag, den Adorno am 6. April 1967 auf Einladung des Verbandes Sozialistischer Studenten an der Universität Wien gehalten hatte, erst jüngst seiner besonderen Aktualität wegen erneut veröffentlicht wurde.[32] Adorno sieht sich angesichts seiner Forschungen über den neuen Rechtsradikalismus in dem Befund seiner Studien bestätigt, „dass nämlich die Anhänger des Alt- und Neufaschismus heute quer durch die Gesamtbevölkerung verteilt sind."[33] Es ist also nicht mehr möglich, zu behaupten, es seien in erster Linie Kleinbürger und Bauern, die den autoritären Sozialcharakter repräsentieren. Adorno kannte zwar noch nicht solche verwunderlichen Gruppen wie die „Reichsbürger", die „Corona-Leugner", „Aluhutträger", die nicht mit der NPD zu seiner Zeit blank zu identifizierende NSAfD etc., aber er betont mit Recht, dass in jeder Nation mit demokratischer Verfassung zweifellos so etwas wie ein *lunatic fringe*, eine Randzone von Narren in den verschiedensten Erscheinungsformen vorzufinden ist. Doch dieser Befund spendet keinen Trost. Das liegt daran, dass „dem gesellschaftlich-ökonomischen Inhalt nach, die Demokratie eben bis heute nirgends wirklich und ganz sich konkretisiert hat, sondern formal geblieben ist. Und die faschistischen Bewegungen könnte man in diesem Sinn als Wundmale, als die Narben einer Demokratie bezeichnen, die ihrem eigenen Begriff eben doch bis heute noch nicht voll gerecht wird."[34] Adorno verweist darauf, dass dem Diskurs der Rechtsradikalen gewisse rechtliche Grenzen gesetzt sind. Er sieht, dass die Propagandisten der Rechten sich daher in einem gewissen Widerstreit zwischen diesen Grenzen und der Notwendigkeit befinden, die Gefolgschaft durch die Mobilisierung ihrer Vorurteile „zum Sieden" zu bringen.[35] Heute etwa durch das Klischee, Deutschland sei dabei, seine nationale Identität durch die Überfremdung mit Personen zu verlieren, die das wahre Deutschtum als „Multikulti" dem Untergang weihen. Aber auch das ist nicht ganz neu. Zu Adornos Zeiten waren es die Probleme mit den Gastarbeitern insbesondere aus der Türkei. Es gab die Parole von „der Überfremdung durch Gastarbeiter – wobei nach wie vor der Bedarf an Arbeitskraft, selbst bei steigender Arbeitslosigkeit, in einer ganzen Reihe von Berufen, und zwar denen der niedrigsten Handarbeit", groß ist.[36] Die Akzente mögen sich also im Verlauf der Zeiten beim Syndrom der AP verschoben haben und andere Variablen hinzugekommen sein, aber die zentrale These Adornos hat Bestand: „Sie werden niemals auch nur eine Äußerung (von Rechtsradikalen – J. R.) finden, die dem Schema der autoritätsgebundenen Persönlichkeit nicht entspricht."[37]

Psychoanalytische Charakterologie (E. Fromm)

Der Entwurf einer Theorie des autoritären Charakters stammt ursprünglich von E. Fromm (1900–1980). Von 1930 an arbeitete er als Leiter der sozialpsychologischen Abteilung des Institutes für Sozialforschung. 1939 trennt er sich aufgrund verschiedener Spannungen vom Institut. In der ab 1932 von M. Horkheimer herausgegebenen „Zeitschrift für Sozialforschung" erschienen bis 1939 Artikel von Mitarbeitern und Sympathisanten des IfS. So auch gleich im „Doppelheft 1/2" des ersten Jahrganges ein grundlegender Aufsatz von Fromm mit dem Titel: „Über Methode und Aufgabe einer analytischen Sozialpsychologie". Im Heft 3 (1932) veröffentlicht er einen weiteren Artikel mit dem Thema: „Die psychoanalytische Charakterologie und ihre Bedeutung für die Sozialpsychologie". Überdies war Fromm Autor des psychoanalytischen Teils der Studien über „Autorität und Familie" des Instituts für Sozialforschung.[38] Er suchte als ausgebildeter Psychoanalytiker einerseits Anschluss an die Schriften Freuds, andererseits spielt die Kritik der politischen Ökonomie von Marx bei ihm eine besondere Rolle. Er wendete sich jedoch entschieden gegen den deterministischen Grundsatz der Marxorthodoxie, die Rücksicht auf ideelle Momente „wie Freiheitswille, Liebe zur Gruppe usw." sei als eine bloß subjektivistisch-psychologische Betrachtungsweise abzutun und stattdessen „die objektive ökonomische Bedingtheit der historischen Ereignisse nachzuweisen."[39] Dennoch will er ausdrücklich auch den gesellschaftlichen, nicht zuletzt ökonomischen Einflüssen auf das Seelenleben der Menschen Rechnung tragen. Fromm stößt dabei auf das dauerbrennende Problem einer logisch angemessenen Verhältnisbestimmung des Eigensinns psychodynamischer Prozesse und ihrer empirisch zweifellos besonders nachdrücklich stattfindenden Bestimmung durch „sozioökonomische Faktoren" – wie er sagt. Doch die Formation der Charaktermaske bedeutet nicht den alleinigen Effekt, den gesellschaftliche Faktoren auf die Psyche ausüben. Charaktermasken stellen in einer Hinsicht Muster der seelischen Anpassung an die ökonomischen Existenzbedingungen der Einzelnen dar. Es gibt trotz allem z. B. eine Fülle von Charakterzügen bei den Konsumierenden, welche den ökonomischen Interessenlagen von Produzenten nicht so umstandslos bequem sind. Deswegen muss z. B. die Nahrungsmittelindustrie eine Reihe von Tricks anwenden, um die sog. „kritischen Verbraucher" auszumanövrieren. Nach Fromm hat die analytische Sozialpsychologie zu alledem dem Tatbestand Rechnung zu tragen, dass „die bewusste Seelentätigkeit nur einen kleinen Sektor des Seelenlebens ausmacht."[40] Sie muss das Vor- und Unbewusste gleichermaßen berücksichtigen. In diesem Sinne untersucht sie private und kollektive Ideensysteme als einen Ausdruck „trieblich verankerter Wünsche und Bedürfnisse" und entschlüsselt dabei eine Reihe von Motiven ideologiekritisch als „rationalisierte Äußerungen von Trieben." Freud hat sich nach Fromm vorwiegend mit dem Individuum beschäftigt, danach seien jedoch eine Reihe von Schritten in Richtung auf Verhältnisbestimmungen von Individuum und Gesellschaft unternommen worden, also Schritte von „der Personalpsychologie zu einer *Sozialpsychologie*" gegangen worden. Sie haben zu Untersuchungen geführt, die im Bezugssystem der Psychoanalyse auf die Aufdeckung seelisch tiefsitzender Gründe und Hintergründe so irrationaler gesellschaftlicher Verhaltensmuster zielen, wie sie damals anhand des Antisemitismus völkischer Gruppen oder der sich ausbreitenden Nazi-Bewegung studiert werden konnten.

Im Falle der Gesellschaftsanalyse, betont Fromm, müsse man im Einklang mit Marx die „sozialökonomische Struktur" als Basis der gesellschaftlichen Totalität annehmen. Damit steht natürlich auch Fromm vor dem Basis-Überbau-Problem. Bei ihm offenbart es sich in der Schwierigkeit, zwei Aussagenmengen in ein logisch stimmiges Verhältnis zueinander zu bringen. Auf der einen Seite gilt die Triebstruktur, die libidinöse Energie, als Motivations-*Basis* individuellen Denkens und Handelns, auf der anderen Seite wird die „sozialökonomische Struktur" als *Basis* der Gesamtgesellschaft und damit der Lebenschancen der Individuen ausgezeichnet. Wie sind die beiden Aussagenmengen über zwei entgegengesetzt erscheinende *Wesensgründe* der individuellen Existenz miteinander vermittelt? Fromms Ausweg aus dieser Antinomie wird das Problem nicht los, das er allerdings für ein Scheinproblem hält. Er konstruiert einen Wirkungszusammenhang: Die Entwicklung eines Kindes wird entscheidend durch die Familie beeinflusst. Doch diese beeinflusst die Motivationsbasis des Kindes. Aber die Familie ist „ihrerseits selbst bedingt vom gesellschaftlichen und klassenmäßigen Hintergrund der Familie, von der sozialen Struktur, aus der sie erwächst."[41] Damit scheint eine Kausalkette entworfen zu werden, die von der sozialökonomischen Struktur als *Grundbestimmung* über die Familie als Zwischenglied zu den tiefenpsychologischen Prozessen führt. Fromm erhebt sie in der Tat geradezu zum Prinzip der psychoanalytischen Sozialpsychologie: *„Die Sozialpsychologie hat die gemeinsamen – sozial relevanten, seelischen Haltungen und Ideologien – und insbesondere deren unbewusste Wurzeln – aus den Einwirkungen der ökonomischen Bedingungen zu erklären."*[42] Aber, was heißt da „erklären"? Kausal erklären? Die Familie bedeutet anscheinend die Schaltstelle für die Einwirkungen basaler ökonomischer Prozesse auf Seelendynamik der Kinder. Die Tendenz der entscheidenden Aussagen ist jedenfalls klar: „*... die Familie ist das wesentliche Medium, durch das die ökonomische Situation ihre formenden Einflüsse auf die Psyche des Einzelnen ausübt.*"[43] Von einem logischen Scheinproblem kann angesichts dieser Kausalkette wahrlich nicht die Rede sein. Denn wie unterscheidet sich diese Konstruktion von den deterministischen Vorstellungen der sog. „Ökonomisten"?

Für Fromm gehört zu einem Autoritätsverhältnis „die gefühlsmäßige Bindung einer untergeordneten zu einer übergeordneten Instanz. Das Autoritätsgefühl scheint immer etwas von Furcht, Ehrfurcht, Respekt, Bewunderung, Liebe und häufig auch Hass zu haben."[44] Diese Mischung von Furcht und Hass einerseits, Respekt und Bewunderung andererseits verweist auf den Unterschied zwischen *Sachautorität* und *Autoritarismus* (autoritärer Unterwürfigkeit). Autoritäre Unterwürfigkeit ist nicht notwendigerweise das Ergebnis von Gewaltandrohung, Zwang und Furcht. Wie beim Legitimitätsglauben kann die Fügsamkeit gegenüber Autorität im Zuge der Über-Ich-Bildung zu einer als solche gar nicht empfundenen Abhängigkeit und Beeinflussbarkeit führen. Als besonders einflussreich hat sich von daher E. Fromms Konzept des „autoritär masochistischen Charakters" erwiesen. Es geht darum, die „eigenartige Befriedigung" zu erklären, „die das Verhältnis zur Autorität für viele der Unterworfenen offensichtlich hat, jene Lust am Gehorsam und an der Unterwerfung, die so groß und verbreitet ist, dass man geglaubt hat, von einem natürlichen und angeborenen Instinkt zur Unterwerfung zu reden."[45] Für Fromm bedeutet die Autoritätshörigkeit natürlich keinen angeborenen Trieb, sondern einen „historisch bestimmten seelischen Tatbestand." Viele Grundzüge des klassischen autoritären Charakters, den z. B. Pedanterie, Geiz, Ordentlichkeit u. a. m. auszeichneten, sind im Verlauf der Entwicklung hin zum digitalisierten Kapitalismus verändert worden oder ganz in den Hintergrund getreten. Aber bestimmte sadomasochistische Tendenzen bleiben weiterhin wirksam. Sie zielen darauf ab, „unter Preisgabe der Individualität der eigenen Persönlichkeit und unter Verzicht auf eigenes Glück das

Individuum an die Macht hinzugeben, sich in ihr gleichsam aufzulösen und in dieser Hingabe, die in den pathologischen Fällen bis zum Erleiden körperlicher Schmerzen geht, Lust und Befriedigung zu finden. Die sadistischen Strebungen haben das umgekehrte Ziel, andere zum willen- und wehrlosen Instrument des eignen Willens zu machen, sie absolut und uneingeschränkt zu beherrschen und in den extremen Fällen zum Leiden und damit verbundenen Gefühlsäußerungen zu zwingen."[46] Der Zug zur Entsubjektivierung der Subjekte, der in diesem Zitat als kritischer Befund impliziert ist, spielt sich in der Gegenwart weiterhin ab. Einerseits findet eine „Preisgabe der Individualität" statt, andererseits richten sich Hass und Destruktivität auf die Zerstörung der Subjektivität anderer Menschen. Autoritäre Gesellschaften sorgen sowohl für die Befriedigung masochistischer als auch sadistischer Bedürfnisse.[47] Sie nehmen den Bürgern die „Furcht vor der Freiheit", indem sie diese ihnen nehmen.[48]

Das anthropologische Dilemma[49]

Menschenbilder implizieren natürlich Wertungen. Am vermuteten „Wesen" des Menschen werden die bestehenden Verhältnisse gemessen. Für E. Fromm tut sich dabei so etwas wie ein anthropologisches Dilemma auf. Dilemmata weisen, wie es heißt, zwei Hörner auf. Dabei kann es einem wie Buridans Esel gehen.[50] Dieser befindet sich zwischen zwei Heuballen, die als Futter gleichermaßen attraktiv sind. Das unselige Grautier kann sich partout nicht entscheiden und verhungert. Es wird durch diese Eselei von beiden Hörner aufgespießt. Beim anthropologischen Dilemma besteht die Gefahr, einerseits von dem einem Horn durchbohrt zu werden, das sich aus autoritären Menschenbildern zusammensetzt. „Alle autoritären Denker haben es sich leicht gemacht, indem sie die Existenz einer ihrer Meinung nach starren und unveränderlichen Natur (des Menschen – J. R.) voraussetzen. Das sollte beweisen, dass die auf dieser vorausgesetzten Natur des Menschen beruhenden ethischen Systeme und sozialen Einrichtungen notwendig und unwandelbar seien."[51] So gehört beispielsweise für A. Smith ein Hang zum Tauschen auf Märkten zu den Wesensbestimmungen des Menschen. Wie der Zufall so spielt, stimmen die jeweiligen Annahmen über unveränderliche Wesensmerkmale der Menschennatur auf diese oder eine andere Weise meistens mit Interessen an Besitzstandsbewahrung und Geldvermehrung von Herrenklassen überein. Auf der anderen Seite, am anderen Horn des Dilemmas, gibt es die dem äußeren Anschein nach progressive These von der unbegrenzten Formbarkeit der Menschennatur. Der Mensch ist zweifellos das „nicht festgestellte" Tier, umweltoffen und weitgehend instinktunabhängig. Aber, so Fromm, „wäre der Mensch ... nur ein Reflex kultureller Typen, dann könnte faktisch keine Sozialordnung vom Standpunkt des menschlichen Wohlergehens (aus – J. R.) kritisiert oder beurteilt werden, weil es keine Konzeption des Menschen", keine Vorstellung der vernünftigen Natur des Menschen geben würde. „In diesem Falle wäre der Mensch nur eine Marionette irgendwelcher sozialer Übereinkommen, aber niemals ein aktives Wesen, das im Verlauf seiner Geschichte den Beweis erbracht hat, dass immer wieder gegen den übermächtigen Druck sozialer und kultureller Verhältnisse ankämpfen will, die seiner Veranlagung nicht entsprechen."[52] Dem entspricht also eigentlich keine progressive, sondern eine relativistische Denkweise. Varianten des anthropologischen Dilemmas oder Strategien, die beiden Hörner des Dilemmas zu vermeiden, sind in zahllosen Schriften zur Sozialphilosophie und Gesellschaftslehre wiederzufinden. Kein Wunder; denn es dreht sich ebenfalls um die konstitutive Frage nach dem Verhältnis von *Bestimmtsein* und *Selbstbestimmung* des Menschen.

Kapitel 4

Rolle und Problem

> „Die ganze Welt ist Bühne.
> Und alle Fraun und Männer bloße Spieler.
> Sie treten auf und gehen wieder ab.
> Sein Leben lang spielt einer manche Rollen."
> *(W. Shakespeare: Wie es euch gefällt. 2. Akt; 7. Szene).*

„Rolle" als soziologischer Grundbegriff

2011 erschien die 9. Auflage des Buches von Erving Goffman (1922–1982) über „The Presentation of Self in Everyday Life" (1959). Dieser Titel wurde sehr passend mit „Wir alle spielen Theater. Die Selbstdarstellung im Alltag" ins Deutsche übertragen.[1] In den so weitgehend differenzierten Gesellschaften der Moderne muss eine jede Person eine Vielzahl von *Rollen* übernehmen und diese mehr oder minder erfolgreich spielen. Personen gelten als Rollenträger auf der sog. „Bühne des Lebens." Als *persona* wurde ja im antiken Theater die einen bestimmten Charakter der Bühnenrolle andeutende Maske bezeichnet, welche die Schauspieler vor dem Gesicht trugen. Im Alltag haben wir Familienrollen, Arbeitsrollen, Rollen des Freizeitverhaltens etc. zu spielen. Gruppen, Verbände und Vereine nötigen uns je spezifische Rollen auf. Die Rolle des Bittstellers vor einem Amt weist oftmals die Qualität einer Tragödie auf. Wie auf dem Theater ist es die Frage, wer das Drehbuch für all diese Rollen geschrieben hat oder schreibt? Die einschlägige Antwort führt zu einem weiteren Grundbegriff der Soziologie, zu dem der *Bezugsgruppen*. Für diese gilt wie für eine jede einzelne Person, dass sie *Erwartungen* hegen, wobei sich zwei elementare Typen von Erwartungen unterscheiden lassen: *antizipatorische* und *normative Erwartungen*. Antizipatorische Erwartungen stellen gleichsam Alltagsprognosen dar. Die jeweilige Person erwartet, dass irgendetwas geschehen oder jemand etwas tun wird. Allein schon deswegen ist es irreführend, zu behaupten, die Soziologie sei eine pflaumenweiche Wissenschaft, weil sie zu überhaupt keinen exakten Vorhersagen fähig ist. Wenn eine Person eine Alltagsprognose abgibt, dann kann sie natürlich wie im Falle jeder anderen Vorhersage, auch in dem einer wissenschaftlichen Prognose, irren. Die alltagsweltlichen Vorhersagen mögen zudem in vielen Fällen tatsächlich öfter daneben liegen als Vorhersagen aufgrund eines gut bestätigten Naturgesetzes. Aber wären sie – *ceteris paribus* – meistens oder gar grundsätzlich falsch, dann brächen sämtliche soziale Beziehungen zusammen. *Normative* Erwartungen hingegen sind nicht darauf ausgerichtet, was eine Person tun *wird*, sondern, was sie tun *soll*. R. Dahrendorf (1929–2009) hat drei Typen normativer Erwartungen je nach dem Härtegrad der Sanktionen unterschieden, die mit ihnen verbunden sind:[2]

1. *Muss-Erwartungen:* Es handelt sich um festgelegte Gebote und Verbote, die – wie im Falle der Verletzung rechtlicher Normen – zu äußerst negativen, z. B. gerichtlichen Sanktionen führen können.
2. *Soll-Erwartungen:* Es geht in diesem Falle um eher informelle Normen und Regeln, deren Einhaltung das Wohlgefallen der relevanten Bezugsgruppen erregt. Wenn sich jemand nicht an diese Erwartungen hält, dann haben sie oder er ebenfalls mit negativen Sanktionen zu rechnen. Sie können beispielsweise aus bestimmten Interaktionszusammenhängen ausgeschlossen oder verachtet werden.
3. *Kann-Erwartungen:* Eine Person tut – wie im Ehrenamt – mehr als „eigentlich" von ihr zu erwarten ist. Wer derartige Erwartungen ständig frustriert, muss allerdings mit Geringschätzung rechnen.

Die Bezugsgruppen sind es also, die all die verschiedenen Erwartungen hegen sowie die mit ihnen verbundenen Gebote und Verbote und Erlaubnisse mithilfe von Sanktionen zu erhalten und durchzusetzen versuchen. Es können aber auch Erlaubnisse gewährt werden, wofür nicht selten Gegenleistungen erwartet werden. Normative Orientierungen sind jedoch nicht nur gruppenspezifisch verankert, sondern repräsentieren immer auch Gebote, Verbote oder Erlaubnisse, die in der „objektiven Kultur" (Simmel), im Überbau der Gesellschaft verankert sind. Nach T. Parsons kann eine Gesamtgesellschaft als umso stabiler angesehen werden, je fester allgemeine Normen, Regel und Kriterien der jeweiligen Kultur als Werte eines *common value system* von den Individuen verinnerlicht werden. Das Problem ist dabei, dass noch die barbarischsten Normen einen Konsens finden können.

Oftmals wird eine Unterscheidung zwischen *Rolle* und *Position* des Individuums vorgenommen. Genau genommen legen die Erwartungen fest, welches Verhalten beliebige Inhaber einer bestimmten Position wie die des Lokführers an den Tag zu legen hat. Sie oder er sollen dann die Rolle spielen (Rollenverhalten), welche von den Inhabern der spezifischen Position zu erwarten ist. Von daher wird die Position gelegentliche als „statisch" beschrieben, weil sie das zu Tuende in einem Gefüge der Stellungen des arbeitsteiligen gesellschaftlichen Systems festlegt. Die Rolle selbst verkörpert demgegenüber die aktive, die dynamische Seite der Entsprechung oder Nicht-Entsprechung des konkreten Handelns einer Person im Verhältnis zu den Erwartungen an die Position. Natürlich wird den Erwartungen beim Rollenspiel in diversen Graden entsprochen. Signifikante Abweichungen erregen Unmut und provozieren mitunter ein ganzes Feuerwerk von Sanktionen. Es macht also Sinn, eine Differenz zwischen Position und dem tatsächlichen Rollenverhalten auf der jeweiligen Position zu beachten.

Niemand nimmt im modernen Leben nur einige wenige Positionen ein und spielt nur eine Handvoll Rollen. Wie es bei Shakespeare heißt: „Sein Leben lang spielt einer manche Rollen“ (s. o.). Das Leben der Einzelnen spielt sich also auf den verschiedensten Bühnen des Lebens mit den verschiedensten Rollen und Skripts ab. Auf diesem Hintergrund hat R. Dahrendorf folgende Definition für „Rolle“ vorgeschlagen: „Soziale Rollen sind Bündel von Erwartungen, die sich in einer gegebenen Gesellschaft an das Verhalten der Träger von Positionen knüpfen.“[3] Und es stimmt zweifellos: „Wenn der Einzelne eine Rolle spielt, fordert er damit seine Zuschauer auf, den Eindruck, den er bei ihnen hervorruft, ernst zu nehmen.“[4] Dadurch mag zunächst ein statisches Bild der Gesellschaft in der Form des Rollenkonformismus als Gebot der Erwartungsentsprechung entstehen, aber die Rollentheorie kennt durchaus gesellschaftliche Dynamiken. Sie werden insbesondere durch *Inter-* und *Intrarollenkonflikte* angestoßen. Das heißt: Die Gesamtheit der Rollen, die ein Individuum spielt, setzt sich aus *Rollensegmenten*, genauer: *Positionssegmenten* zusammen. Die Segmente einer Position entsprechen der Vielzahl der unterschiedlichen Erwartungen, die die verschiedensten Bezugsgruppen an das Verhalten der Inhaber der entsprechenden Positionen richten. Die Erwartungen der verschiedenen Bezugsgruppen an eine ganz bestimmte Position können einander widersprechen. Dann entstehen *Interrollenkonflikte*. Die gleiche Rolle – als „Vereinsvorstand“ etwa – kann den widersprüchlichsten Erwartungen der verschiedensten Bezugsgruppen ausgesetzt sein. Dann resultieren *Intrarollenkonflikte*. Rollenverhalten hat viel mit dem Schinden guter Eindrücke (*impression management*) zu tun. „Zusammenfassend lässt sich sagen, dass ein Einzelner, wenn er vor anderen erscheint, zahlreiche Motive dafür hat, den Eindruck, den sie von dieser Situation empfangen, unter Kontrolle zu bringen.“[5] Es stellt eine andere Frage dar, inwieweit die einzelnen Akteure selbst an die idealisierte Fassade glauben, die sie anderen Personen in der Situation glaubhaft machen wollen.[6] Rollenspiel bedeutet nicht zuletzt eine Selbstdarstellung, die einem bestimmten Drehbuch folgt, das in wesentlichen Hinsichten von den Normen, Regeln und Kriterien der jeweiligen Kultur vorgezeichnet wird. Das macht „man“ oder macht „man“ nicht. Gleichwohl können wir alle aus der Rolle fallen, also die *contenance* verlieren. „Denken wir an diejenigen, die eine falsche Fassade oder ‚nur‘ eine Fassade präsentieren, die sich verstellen, uns täuschen und betrügen, so denken wir an Unstimmigkeiten zwischen dem erweckten Anschein und der Wirklichkeit.“[7] Den möglichen Unterschied zwischen Schein und Sein hält R. Dahrendorf für ein grundsätzliches Problem der Rollentheorie. Der Mensch als Rollenträger bedeutet für ihn ein vom Beobachterstandpunkt entworfenes theoretisches Konstrukt: den *homo sociologicus*. Der *homo oeconomicus* ist sein Vetter. Die Frage ist jedoch, wie sich der „Mensch unserer Alltagserfahrung zu dem gläsernen Menschen der Sozialwissenschaften“ verhält? „Müssen wir und können wir unsere konstruierten, abstrakten Menschen gegen den wirklichen Menschen verteidigen?“[8] Kann die Rollentheorie wirklich ein inhaltlich und logisch angemessenes Bild von der Vermittlung zwischen Individuum und Gesellschaft ausmalen? Reicht die These aus, „der Einzelne und die Gesellschaft (seien) vermittelt, indem der Einzelne *als* Träger gesellschaftlich vorgeformter Attribute und Verhaltensweisen erscheint"?[9] Sie reicht nicht aus! „Sowenig indes *homo sociologicus* den ganzen Menschen ausmacht, sowenig schreibt jede einzelne seiner Rollen Herrn Schmidt sein gesamtes Verhalten als Träger einer sozialen Position vor."[10] Die Rollentheorie zeichnet das Individuum als ein Wesen, dessen Verhalten – im Angesicht der drohenden Sanktionen bei Abweichungen – von einem System von Erwartungen *bestimmt* wird. Doch die einzelnen stellen mehr als nur Positionsinhaber und Rollenträger dar. Damit entsteht „ein Problem des Gleichgewichts zwischen rollenbestimmtem Verhalten und Autonomie". Es erhebt sich mithin die alte Frage nach dem Vermittlungsverhältnis zwischen *Bestimmtsein* und *Selbstbestimmung*.

Dahrendorf begreift allem Anschein nach die Gesellschaft deswegen als „ärgerliche Tatsache", weil nach seiner Auffassung die rollentheoretische Denkweise die Rollenerwartungen als Einschränkungen der unbegrenzten Freiheit des Einzelnen ausmalt. Demzufolge sei das „Lernen von Rollenerwartungen ein Vorgang, der den Menschen, indem er ihn zum *homo sociologicus* entfremdet, ihr (der Gesellschaft – J. R.) überhaupt erst zugänglich macht und Bedeutung verschafft."[11] Dass es z. B. Positionen geben *muss*, die es erlauben, den Menschen ihr Leben in den verschiedensten Formen durch Zwecktätigkeiten zu reproduzieren, scheint nicht ins Bild zu passen. Im Gegenteil! Mit der rollentheoretischen Bestimmung der Gesellschaft als „ärgerliche Tatsache", steht für ihn fest: „Für Gesellschaft und Soziologie ist der Prozess der Sozialisierung stets ein Prozess der Entpersönlichung, in dem die absolute Individualität und Freiheit des Einzelnen in der Kontrolle und Allgemeinheit sozialer Rollen aufgehoben wird."[12] Von einer „Erziehung zur Mündigkeit" (Adorno) kann demnach auch nicht die Rede sein. Enkulturierung bedeutet grundsätzlich Entfremdung. So, wie Dahrendorf die Rollentheorie darstellt, entsteht in der Tat das Bild eines von sanktionsgestützten Erwartungen umstellten Menschen, der zum Rollenkonformismus gezwungen ist. Aber stellt der einzelne Mensch tatsächlich nichts mehr als die Summe all jener Charakterzüge dar, die ihm eingeprägt werden? Nein! „Aber der Mensch, dieser bestimmte Mensch Hans Schmidt, dem wir auf einer Gesellschaft begegnen, ist nicht nur die Summe seiner Charaktere."[13] Der Rollentheorie hat hingegen genau diesen „autonomen ganzen Menschen und seine Freiheit aus den Augen verloren."[14]

Dahrendorfs Analyse der Rollentheorie bewegt sich ganz offensichtlich im Bezugssystem der Kantischen Freiheitsantinomie, also im Rahmen der Gegenläufigkeit zwischen Autonomie und Heteronomie, freiem Willen und kausaler Bestimmtheit des Denkens und Handelns. Darauf macht er ausdrücklich aufmerksam.[15] Besteht, so fragt er in der Tat, „ein notwendiger Widerspruch zwischen dem moralischen Bild des Menschen als einem ganzen, einmaligen, freien Wesen und seinem wissenschaftlichen Bild als zerstückeltem, exemplarischem, determinierten Aggregat von Rollen."[16] Die dritte Antinomie von Kant enthält die Unterscheidung zwischen dem „empirischen" und dem „intelligiblen" Charakter des Menschen. Der einzelne Mensch steht unter den Einwirkungen seiner inneren, der äußeren und – wie es bei Hegel heißt – der „dritten" Natur (= Gesellschaft). Aber er ist zugleich der „Kausalität aus Freiheit" (Kant) fähig. Auch auf diesen Grundgedanken Kants greift Dahrendorf ausdrücklich zurück: „Jeder Mensch hat einen empirischen Charakter, im Hinblick auf den es keine Freiheit gibt ... er hat daneben und zugleich einen intelligiblen Charakter, eine praktische Vernunft, die ihn zum freien und moralischen Wesen macht."[17] Es ist und bleibt die Frage, in welchem logischen Verhältnis Bestimmung und Selbstbestimmung des Denkens und Handelns stehen, wenn es sich *weder* um eine einfache Antinomie, *noch* um eine Dichotomie, eine strikte Disjunktion oder – wie Dahrendorf meint – um ein unauflösbares Dilemma handeln soll.[18] Eine Antwort auf diese Frage liefert ebenfalls die dritte Antinomie von Kant (s. o.; S. 35 ff.).

Der Begriff Rollenübernahme (taking the role of the other) bedeutet einen weiteren einflussreichen Grundbegriff der Rollentheorie, den G. H. Mead (1863–1931) in die Diskussion eingebracht hat. Für Mead stellt der Mensch ein Wesen dar, „welches seine eigene Reaktion nach der Tendenz anderer, auf seine Handlung zu reagieren, organisiert."[19] Wenn auch diese Fähigkeit gemäß seiner Entwicklungstheorie in verschiedenen Graden für organisches Leben überhaupt gilt, dann kommt sie gleichwohl im Spiel von Kindern am deutlichsten Vorschein. „Die Puppe ist der universale Typus dieses Spielverhaltens; doch bevor das Kind mit einer Puppe spielt, reagiert es in Tonfall und Einstellung so, wie seine Eltern auf sein eigenes Weinen oder Lachen reagieren."[20] Das Kind versetzt sich in die Rolle von verschiedenen Bezugspersonen und wird sich dabei inne, was es selbst ist. Es nimmt die Haltung anderer zu sich selbst ein und lernt dabei immer auch etwas über sich selbst. Dahinter steht das Vermögen des „Verstehens", wenn – unter den verschiedenen Bedeutungen des Verstehensbegriffs – „Verstehen" als „sich praktisch verstehen auf" gemeint ist. Das Kind übt sich im Spiel praktisch auf das Rollenspiel für es bedeutsamer anderer Personen ein. Mead führt noch eine andere Erklärung des Vorgangs der Rollenübernahme an, die jedoch dem orthodoxen Behaviorismus (der mit Meads „Sozialbehaviorismus" nicht gleichzusetzen ist!), sehr nahekommt. Er sagt: „Wenn also eine vokale Geste in dem Individuum, welche diese Geste macht, eine Tendenz zu der gleichen Reaktion auslöst, die sie in einem anderen hervorruft, und wenn dieser Beginn einer Handlung in ihm selbst in seine Erfahrung eingeht, so wird das Individuum feststellen, dass es dazu tendiert, sich selbst gegenüber sich so zu verhalten, wie die anderen sich ihm gegenüber verhalten."[21] Das liest sich so, als ob der gleiche gestische Reiz gleichsam mit kausaler Notwendigkeit die gleiche Reaktion in den Haltungen bei Sender und Empfänger hervorrufen würde. Das könnte eine schlichte Tautologie sein: Wenn ein Reiz, der mich stimuliert, den gleichen Effekt bei anderen hat, dann handeln wir *per definitionem* gleichsinnig. Zweifellos gibt es Situationen, in denen ein Reiz bei Ego eine bestimmte Reaktion provoziert, die dann den gleichen Zustand bei einer anderen Person, Alter führt. Jemand kann so sehr aus der Angst heraus handeln, dass durch Angst bei der gegenüberstehenden Person hervorgerufen wird. In einem positiven Sinn kann Rollenübernahme letztlich auch bedeuten, dass sich ein Subjekt durch sein „Verständnis" als fähig erweist, sich in die Lage anderer Personen zu versetzen und dementsprechend zu verhalten – mit welchem Effekt bei den anderen Beteiligten auch immer.

Problem, Problembewusstsein und Problemsituation

Der in soziologischen Lexika „Rollentheorie" genannte Begriffsapparat wurde vor allem durch das Denken von G. H. Mead und T. Parsons angeregt. Davon ausgehend sind verschiedene Denkweisen der Soziologie entwickelt worden. So z. B. der „symbolische Interaktionismus", für dessen Etablierung und Entwicklung insbesondere die Schriften von H. Blumer (1900–1987) verantwortlich sind. Blumer schließt unmittelbar an das Werk seines Lehrers G. H. Mead an. Aber nicht nur im Falle der Schule des symbolischen Interaktionismus steht der Begriff der „Situationsdeutung" *(definition of the situation)* im Zentrum der Theoriebildung. Der Inhalt dieses Begriffs wird vor allem im Anschluss an das sog. „Thomas-Theorem" interpretiert. Es wurde von W. I. Thomas (1863–1947) und seiner Frau D. S. Thomas (1899–1977) formuliert und lautet: „Wenn Menschen Situationen als real definieren, dann sind sie real in ihren Konsequenzen." Wenn Menschen z. B. der Meinung sind, die Aktionen von Leuten in ihrer Straße wiesen den Charakter der „Flucht vor einer Gefahr" auf, werden sie sich anders verhalten als dann, wenn sie der Ansicht sein sollten, es handele sich um Schaulustige, die z. B. wegen eines Ereignisses, das Gaffer motiviert, in die gleiche Richtung rennen. Die *crux* des Thomas-Theorems steckt in dem Wörtchen „real". Die Leute definieren eine bestimmte Situation als „wirklich", als so und nicht anders geartet. Und sie handeln diesem ihrem Situationsverständnis entsprechend. „Real" kann aber noch die übliche Bedeutung von „so ist es wirklich" aufweisen. Wenn systematisch vorgehende Beobachter genauer wissen wollen, von welcher Art das Geschehen ist, das sich da vor ihren Augen abspielt, müssen sie gleichwohl in Erfahrung bringen, wie die Akteure die Situation selbst deuten. Denn im ersten Fall veranlasst deren Situationsauffassung sie dazu, der Gefahr aus dem Wege zu gehen. Ihr Handeln besteht etwa darin, dass sie fliehen. Es handelt sich bei dem Phänomen um eine *Flucht*. Im zweiten Fall rennen sie vielleicht den Neugierigen hinterher. Dann weist das Phänomen den Charakter einer *Sensationsgier* auf. Es ergeben sich zwei grundverschiedene soziale Tatsachen, welche die Beobachter allein registrieren können, wenn sie einerseits wissen, „was in den Köpfen der Leute vorgeht" *und andererseits über begründete Informationen darüber verfügen, was tatsächlich geschehen*, was wirklich der Fall („real") ist. Damit offenbart sich ein grundlegendes erkenntnistheoretisches Problem: Wenn die Beobachter in der Tat ein Wissen darüber reklamieren können, was tatsächlich in der Situation geschehen ist, dann operieren sie zwangsläufig auf der Basis der berühmten philosophischen Unterscheidung zwischen Wesen (bzw. Sein, Wirklichkeit), Erscheinung und Schein. Real, in Wirklichkeit, ist ein Unfall geschehen. Aber einer Gruppe *erscheint* das Verhalten anderer, das sie ihrerseits beobachten, als „Flucht vor einer Gefahr"; sie täuschen sich jedoch und folgen dem „An-Schein". Die distanzierten Beobachter in ihrer Rolle als „Experten" treten demgegenüber aufgrund genauerer Beobachtungen mit dem Anspruch auf, zu wissen, was da *tatsächlich* vor sich geht. Das Verhältnis all dieser Wissensansprüche bewegt sich – in das Vokabeln Hegels gefasst – offensichtlich in der erkenntnistheoretischen Konstellation von *Ansichsein* (Tatsächlichkeit), *Fürunssein* (Wissen in der Form, in der uns die Sachverhalte etwa in den Sinnen erscheinen) und *Anundfürsichsein* (erkannte Wahrheit). Unter diesen Voraussetzungen trifft das Thomas-Theorem nur im Falle „konstitutiver Sprechakte" (Searle) einschränkungslos zu. Eine soziale Tatsache wird durch eine Sprechhandlung in die Welt gesetzt: „Sie haben die Mehrheit der Stimmen erhalten. Hiermit sind sie zum Vorsitzenden unserer Partei gewählt." Eine Person, die sich zuvor in der Rolle des „Mitgliedes" befand, wird in die des „Parteivorsitzenden" katapultiert. Das *factum* konstitutiver Sprechakte kann durch den absoluten Idealismus oder seine zeitgenössischen Erscheinungsformen als „radikaler Konstruktivismus" überspitzt werden. Dann erscheinen sämtliche soziale Tatsachen als „sozial konstituiert" bzw. „konstruiert." Der absolute Idealismus Hegels erklärt das Sein der Natur als eine Gedankenprodukt des absoluten Geistes, Gottes, „der Sprachidealismus ist die Lehre, dass nur das existiert, worüber gesprochen wird."[22] Gibt es wirklich *radikale* Konstruktivisten, die tatsächlich behaupten, alles Sein, auch das der Naturphänomene sowie ihrer selbst sei „sozial konstruiert", „konstituiert" bzw. „definiert", wobei es eine hübsche Anschlussfrage darstellt, was da wohl „sozial" heißt? Ist ein Verbund sozial konstruierter Menschen, die ihre Situation definieren gemeint? Oder Anhänger bestimmter Kulturwertiden? Mitglieder einer bestimmten galaktischen Gesellschaft, worin sich sämtliche sozialen Tatsachen konstitutiven Sprechakten oder Zügen in Sprachspielen verdanken? Die Forderung ist dann in der Tat: „Wir brauchen jemanden, der behauptet, jedwedes Objekt, gleichgültig welches – die Erde, deine Füße, Quarks, das Aroma des Kaffees, Kummer, Eisbären in der Antarktis –, sei in irgendeinem nicht trivialen Sinn sozial konstruiert."[23] Mir ist niemand dieser Art bekannt und schon gar nicht eine Person, die z. B. die Meinung vertritt, sie oder er äßen morgens den *Begriff* des Frühstücks. Das hilft vielleicht bei Abmagerungskuren. Zweifellos gilt: Das Sein im Verhältnis zu unseren Erkenntnisvermögen betrachtet, ist „so beschaffen, dass man verschiedene Interpretationen von ihm geben kann", es also nur in verschiedenen der unerschöpflichen Perspektiven zu erfahren vermag.[24] Alles *Ansichsein* ist nur *für uns* ein Ansichsein, muss durch das Raster unserer Möglichkeiten hindurch, Sachverhalte überhaupt erfahren und bedenken zu können. Aber es ergibt sich ein konstruktivistischer Fehlschluss, wenn daraus geschlossen wird, alles Ansichsein sei *gleich* dem Fürunssein.

Situationsdeutungen spielen beim Umgang mit *Problemen*, womit wir Tag für Tag konfrontiert sind, gewiss eine entscheidende Rolle. Es lässt sich ohne Weiteres behaupten: „Alles Leben ist Problemlösen.“[25] Genauer: Alles Leben bedeutet Problem*bearbeitung*; denn gelöste Probleme machen nur eine Teilmenge der Probleme überhaupt aus. Die *Lösung* eines Problems besteht darin, dass es in eine *Aufgabe* verwandelt wird. Bei Aufgaben gibt es ein Vorgehen, ein Verfahren, eine Methode, einen Algorithmus, wodurch – wie beim 1x1 und der Lösung einer Rechenaufgabe – die Lösung des Problems mithilfe einer Methode *garantiert* ist. Bei eigentlichen Problemen hilft nur ein Vorgehen nach dem Prinzip von Versuch und Irrtum, wobei es gelingen kann, mit einem Problem besser zurechtzukommen als zuvor, ohne dass das Problem verschwände, in eine Aufgabe verwandelt werden könnte. Das Problem kann die Akteure jedoch auch zur Verzweiflung treiben. Probleme stellen Hindernisse auf dem Weg zu einem Ziel dar. Sie bedeuten beschwerliche Widerständigkeiten, die – insoweit das überhaupt möglich sein sollte – vollkommen aus dem Wege zu räumen oder wenigstens ein Stück weit zu bewältigen sind. Sie können auf der einen Seite Fortschritte bei der Möglichkeit einer erfolgreicheren Bearbeitung des Bezugsproblems oder gar zu einer endgültigen Problemlösung anstacheln, auf der anderen Seite bleiben nur Versuch und Irrtum übrig, um sich nicht von ihnen erdrücken zu lassen. „Die Fehlerkorrektur ist die wichtigste Methode der Technologie und des Lernens überhaupt. In der biologischen Evolution scheint sie die einzige Methode des Fortschritts zu sein. Man spricht mit Recht von der Methode, von Versuch und Irrtum, aber man unterschätzt dabei die Wichtigkeit des Irrtums oder Fehlers – des fehlerhaften Versuches.“[26] Das Ideal ist und bleibt die Transformation des Problems in eine Aufgabe; denn bei Aufgaben gibt es eben ein praktisches Vorgehen – eine Methode –, welche die dauerhafte Lösung des Problems garantiert. Alltagssprachlich ist es durchaus üblich, die *Problemsituation* vom *Problembewusstsein* zu unterscheiden. In der Problemsituation befindet sich mindestens eine handelnde Person oder eine Gruppe von Akteuren, die (bewusst oder unbewusst) nach der Erreichung eines Ziels streben und dazu geeignete oder geeignet erscheinende Mittel einsetzen – sofern sie vorzufinden oder herzustellen sind. Nicht selten ist eine erfolgsgarantierende Methode „objektiv“ weit und breit nicht in Sicht. Einige versuchen, „das Beste aus der Situation zu machen.“ Andere sind es zufrieden, wenn es ihnen gelingt, wenigstens eine Vorgehensweise zu entdecken, welche eine etwas erfolgreichere Bearbeitung des (fortbestehenden) Problems als bisher ermöglicht. So könnte es z. B. zu einem etwas effektiveren Mitteleinsatz als bislang kommen. Zu den *objektiven* Merkmalen der Situationen gehört der gesamte gesellschaftliche und natürliche Kontext, gehören Schranken für das Handeln wie die tatsächlichen Optionen, die gewählt werden *könnten* oder die Mittel, die faktisch für die Erreichung der Ziele zur Verfügung stehen. Das vorhandene oder nicht-vorhandene Problembewusstsein stellt eine *subjektive* Komponente in der Problemsituation dar. Wenn die Transformation des Problems in eine Aufgabe misslingt, dann besteht sowohl die gesamte Problemsituation als auch der spezielle Typus des lästigen „Problems“ (als Ausdruck für das Gesamtverhältnis von Problemsituation, Problembewusstsein und Optionen) tatsächlich (objektiv) weiter – da mögen die Akteure wünschen, wollen oder „konstruieren“, was sie wollen. Allenfalls eine bessere Bearbeitung des Problems mag ihnen faktisch gelingen. Doch Probleme sind nicht nur auf der Ebene der Handelnden vorzufinden, es gibt – weit über die Alltagsprobleme der Akteure hinausreichende – Systemprobleme wie das der materiellen Reproduktion des Lebens durch individuelle Arbeit und kollektive Produktion. Das Problembewusstsein bedeutet einen zentralen Teil der Situationsdeutung der Akteure. Sie erfahren die gesamte Situation als *problematisch*, wenn nicht als extrem krisenträchtig. Das kann anregend, das kann deprimierend sein.

Bereiten wir uns die Probleme alle selbst?

Von H. Blumer stammt ein inzwischen klassischer Aufsatz über „soziale Probleme“, der tatsächlich den Eindruck einer wirklich radikal konstruktivistischen Position erwecken kann.[27] Darauf weist allein schon der Titel seines Aufsatzes hin: Soziale Probleme stellen eine Erscheinungsform kollektiven Handelns bzw. einer kollektiven Definition der Situation dar. Der erste Satz des Artikels belegt, dass diese Frage in der Tat eine radikal konstruktivistische Antwort erfahren soll: „Meine These ist, dass soziale Probleme im Grunde Produkte eines Prozesses der kollektiven Definition darstellen, anstatt, dass sie unabhängig als eine Menge objektiver sozialer Arrangements mit einem intrinsischen Gefüge (*make up*) existierten.“[28] Damit glaubt er – zu Recht –, sich von den vorherrschenden soziologischen Argumenten absetzen zu können. Denn diese setzen voraus, dass „ein soziales Problem als eine objektive Bedingung oder ein Arrangement in der Textur einer Gesellschaft darstellt. Diese objektive Bedingung oder dieses Arrangement wird so betrachtet, als wiese es einen schädlichen oder bösartigen Charakter auf, der im Gegensatz zu einer normalen oder sozial gesunden Gesellschaft darstellt.“[29] Nicht alle Probleme sind lästig oder gar bösartig, sondern bieten im Gegenteil Anreize für Maßnahmen zur Verbesserung der Situation. Aber nach Blumer sucht die akademische Soziologie in erster Linie nach all jenen Faktoren, welche die lästigen Probleme verursachen sowie nach Mitteln und Wegen, mit ihnen zurecht zu kommen. Für ihn verdankt sich diese übliche Perspektive einem groben Missverständnis über das Wesen sozialer Probleme. Ein entscheidender Grund für diesen Vorbehalt gründet in der Ansicht der Hauptstromsoziologie, „soziale Probleme existierten grundlegend in der Form einer identifizierbaren objektiven Bedingung in einer Gesellschaft. Soziologen behandeln ein soziales Problem so, als bestünde es aus einer Serie objektiver Gegebenheiten wie z. B. die Rate der Begebenheiten, die Art der involvierten Personen, ihre Anzahl, ihre Typen, ihre sozialen Merkmale, sowie die Beziehung ihrer Befindlichkeit zu verschiedenen ausgewählten sozialen Faktoren.“[30]

Nach Blumer verfehlen die vorherrschenden Problemtheorien auf diesen Wegen die wesentlichen Bestimmungen eines sozialen Problems. Denn all dem steht die zentrale These seines Artikels entgegen: „Ein soziales Problem existiert primär je nachdem, wie es in einer Gesellschaft definiert und vorgestellt wird, anstatt dass es eine objektive Bedingung mit einer definitiv objektiven Ausprägung darstellte."[31] Das liest sich in der Tat wie ein radikal konstruktivistischer Klartext: Die Situationsdeutung der Rollenträger entscheidet über Existenz oder Nicht-Existenz eines sozialen Problems ebenso wie über die Arten und Weisen, womit mit dem sozial definierten Problem umgegangen wird. „Auf der Seite soziologischen Theorie (gilt): Kenntnis des objektiven Aufbaus sozialer Probleme ist grundsätzlich nutzlos."[32] Eine objektive Problemsituation gibt es daher nicht und daher auch keine Situationen, worin es tatsächlich, „an sich" Möglichkeiten gibt, erfolgreicher mit dem Problem umzugehen, ohne dass sie in das Problembewusstsein eingingen und zu Taten führten. Gouldners These offenbart allerdings ihrerseits einen objektiven Mangel an Problembewusstsein: Wird dabei nicht z. B. übersehen, dass wesentliche Teile eines Problems oftmals darin bestehen, dass die Realisierung jener „objektiven Möglichkeiten" aufgrund von Interessen der Herrenklasse(n) verhindert und/oder durch Ideologie und Legendenglauben effektiv verschleiert wird? Kann unsereins eine Problemsituation nicht so definieren, wie er oder sie es will, ohne dass sich an deren tatsächlicher Struktur irgendetwas änderte. Allerdings ließe sich wünschen, die rein definitionssoziologische Betrachtung von Problemen träfe tatsächlich zu. Dann könnten sie einfach durch eine andere „soziale Definition" aus der Welt geschafft werden. So läuft's leider nicht.

Kapitel 5

Menschenbild und humane Bildung

Menschenbilder und die Idee einer vernünftigen Sozietät

Adorno hat einmal behauptet, jedes Menschenbild sei Ideologie, außer dem negativen.[1] Diese Aussage widerlegt sich selbst. Niemand kann ein negatives Bild vom Leben der Menschen entwerfen, wenn sie oder er nicht zumindest über die Umrisse eines positiven verfügte. Bei Adorno ist es z. B. in Begriffen wie „versöhnte" oder „gerechte" Gesellschaft enthalten und diese gehören zu den normativen Voraussetzungen seiner Gesellschaftskritik. Eines der berühmtesten Menschenbilder findet sich bei Aristoteles. Für ihn ist es klar, „dass der Staat (i. e. die *polis;* der Stadtstaat – J. R.) zu den von Natur aus bestehenden Dingen gehört und der Mensch von Natur aus ein staatsbezogenes Lebewesen", ein politisches Tier (*zoon politikon*) darstellt.[2] Ihrer Wesensbestimmung, ihrer Natur nach, gibt es in allem Menschen „den Trieb nach einer solchen Gemeinschaft."[3] Der Staat besteht jedoch nicht allein aus einer „Vielzahl von Menschen, sondern aus Menschen, die der Art nach verschieden sind. Nicht nämlich entsteht der Staat aus gleichen Menschen."[4] Dass die Menschen in einer Vielzahl ihrer Merkmale voneinander *unterschieden* sind, bedarf keines besonderen Beweises. Aber menschliche *Unterschiede* sind nicht mit *sozialen Ungleichheiten* gleichzusetzen! Zu Aristoteles' Menschenbild gehört die Akzeptanz bestimmter Erscheinungsformen *sozialer Ungleichheit* als Wesensmerkmal des Stadtstaates. Das bedeutet bei ihm insbesondere, dass bestimmte Personengruppen gar nicht in das Menschenbild passen. Genau genommen bezieht sich der Begriff „Mensch" bei ihm uneingeschränkt nur auf den freien, wahlberechtigten und männlichen Polisbürger. Denn, so glaubt er feststellen zu können, „das Männliche ist von Natur aus führungsgeeigneter als das Weibliche."[5] Allerdings wird den Frauen eine Führungsrolle im *oikos*, in der ländlichen Hauswirtschaft zugetraut. Ausgeschlossen von der Beteiligung an Prozessen politischer Willensbildung sind auch die *Metoiken*, die fremdstämmigen Handwerker und Händler. „Metoike" bedeutet „Mitbewohner", der nicht über die Rechte der freien Polisbürger verfügt. Weitgehend aus dem Begriff des Menschen selbst ausgeschlossen werden die Sklaven. Sie gelten als nichts anderes denn ein Besitztum in Gestalt eines Produktionsmittels, als ein Werkzeug. „Doch einem anderen gehört der Mensch, der als Sklave ein Besitztum ist, aber ein Besitztum ist ein hervorbringendes und für sich bestehendes Werkzeug."[6] Der Römer Marcus Terentius Varro (116–27 v. u. Z.) bezeichnet Sklaven als *instrumentum vocale*, als stimmbegabtes, sprachfähiges Werkzeug. Viel später – zu Beginn der Neuzeit – sieht es bei A. Smith in einigen Passagen so aus, als kennzeichne den Menschen grundsätzlich eine Art bürgerlicher Händlernatur, die eng mit der Arbeitsteilung zusammenhängt. „Diese Teilung der Arbeit, aus der so viele Vorteile gezogen werden, ist ursprünglich nicht das Werk menschlicher Weisheit, welche die allgemeine Wohlhabenheit, zu der es führt, vorgesehen und bezweckt hätte. Sie ist die notwendige, obwohl sehr langsame und allmähliche Folge eines gewissen Hanges der menschlichen Natur, der keinen so ausgestrebten Nutzen erstrebt: des Hanges zum Tausch, sich gegenseitig auszuhelfen und ein Ding gegen ein anderes zu verhandeln."[7] Der *Tausch von Waren gegen Geld*, welche die moderne bürgerliche Handelsgesellschaft zu einer „ungeheuren Warensammlung" (Marx) macht, stellt jedoch eine andere Verkehrsform der Menschen dar als die *Reziprozität*, die etwa in frühen Gesellschaften als Gabe und Gegengabe, aber auch generell etwa als „gegenseitiges Sichaushelfen" vorzufinden ist. Diese beiden Beispiele unter vielen denkbaren anderen machen klar, was Adorno gemeint hat, wenn er auf die Negativität von Menschenbildern hinweist. Sie liefern ein Exempel für die Verschränkung von Annahmen über die Natur des Menschen mit Negativitäten des jeweiligen Zeitgeistes. Dabei ist und bleibt es die grundsätzliche Frage, auf welcher normativen Grundlage lässt sich diese Negativität überhaupt als solche bestimmen? Adorno wollte – wie er einmal gesagt hat – die die Utopie nicht „auspinseln". Aber sie ist bei ihm in Begriffen wie „gerechte" oder „befreite Gesellschaft" eindeutig enthalten. Zu deren Inhalt gehören – gewiss neben Marx' Vorstellungen über die Möglichkeiten einer kollektiven Praxis, welche die Menschen von materieller Not, Manipulation, Unterdrückung und Ausbeutung befreit – zentrale Motive der Willensmetaphysik von Kant und Hegel. Um welche normativen Bestimmungen es dabei geht, kann ich hier nur anhand einer kleinen Auswahl exemplarischer Zitate illustrieren:

Das Autonomieprinzip

> „Der Wille wird als ein Vermögen gedacht, *der Vorstellung gewisser Gesetze gemäß* sich selbst zum Handeln zu bestimmen."[8]

> „*Autonomie* ist also der Grund der Würde der menschlichen und jeder vernünftigen Natur."[9]

> „Der *Wille* ist eine Art von Kausalität lebender Wesen, sofern sie vernünftig sind, und *Freiheit* würde die Eigenschaft dieser Kausalität sein, da sie unabhängig von fremden *bestimmenden* Ursachen sein kann."[10]

> „Handle so, dass du die Menschheit, sowohl in deiner Person, als in der eines jeden andern, jederzeit zugleich als Zweck, niemals bloß als Mittel brauchest."[11]

Anmerkung: Das ist die „Anerkennungsformel des Kategorischen Imperativs. Sie gebietet, den freien Willen der anderen Personen anzuerkennen, zu achten und das andere Subjekt niemals bloß als ein Mittel für die eigenen Zwecksetzungen zu missbrauchen. Darin besteht zugleich die Anerkennung der Würde der Anderen.

„Das Selbstbewusstsein erreicht seine Befriedigung nur in einem andern Selbstbewusstsein."[12]

Zusammenfassung: Subjekte müssen gemäß der Formel des Kategorischen Imperativs ihren freien Willen wechselseitig achten und fördern, solange niemand seine Freiheit der Willkür dazu benutzt, das andere Subjekt zu instrumentalisieren, zu unterdrücken und auszubeuten. „Sie anerkennen sich als gegenseitig sich anerkennend."[13] Dem Sittengesetz folgt daher der „freie Willen, der den freien Willen will."[14]

Glückseligkeit und Sittengesetz

„Macht, Reichtum, Ehre, selbst Gesundheit, und das ganze Wohlbefinden und Zufriedenheit mit seinem Zustande, unter dem Namen der *Glückseligkeit*, machen Mut und hiedurch öfters auch Übermut ..."[15]

„Seine eigene Glückseligkeit sichern, ist Pflicht (wenigstens indirekt), denn der Mangel an Zufriedenheit mit seinem Zustande, in einem Gedränge von vielen Sorgen und mitten unter unbefriedigten Bedürfnissen, könnte leicht eine große *Versuchung zur Übertretung der Pflichten* werden."[16]

„Glücklich zu sein, ist notwendig das Verlangen jedes vernünftigen aber endlichen Wesens, und also ein unvermeidlicher Bestimmungsgrund seines Begehrungsvermögens."[17]

„Aber diese *Unterscheidung* des Glückseligkeitsprinzips von dem der Sittlichkeit ist darum nicht so fort *Entgegensetzung* beider, und die reine praktische Vernunft will nicht man solle die Ansprüche auf Glückseligkeit *auszugeben*, sondern nur so bald von Pflicht die Rede ist, darauf gar *nicht Rücksicht* nehmen."[18]

Kommentar: Die letztere Aussage stellt nach meiner Meinung einen entscheidenden Hinweis Kants dar, den ich so lese: Das im Kategorischen Imperativ aufgehobene Sittengesetz, das Autonomieprinzip, stellt die Kernvorstellung jeder Moralität dar. Es entscheidet darüber, welche Maximen sittlich, unsittlich oder – wie die Präferenz für *„Chateau Neuf du Pape"* – moralisch gleichgültig sind. Ansonsten ist das Streben nach Glückseligkeit als Inbegriff der erfüllten Neigungen des Subjekts legitim, ja nachgerade unvermeidlich.

Recht und Moral

„Recht und Moral sind voneinander unterschieden. Es kann dem Rechte nach etwas sehr wohl erlaubt sein, was die Moral verbietet."[19]

„Dieser Unterschied (zwischen Naturrecht und positivem Recht – J. R.), der sehr wichtig und wohl festzuhalten ist, ist zugleich sehr einleuchtend; eine Rechtsbestimmung kann sich aus den *Umständen* und *vorhandenen* Rechtsinstitutionen als vollkommen *gegründet* und *konsequent* zeigen lassen und doch an und für sich unrechtlich und unvernünftig sein, wie eine Menge der Bestimmungen des römischen Privatrechts, die aus solchen Institutionen, als die römische väterliche Gewalt, der römische Ehestand, als konsequent flossen."[20]

Über Unrechtsstaaten der Neuzeit braucht unsereins nicht lange nachdenken.

Erziehung und Bildung

„Die physiologische Menschenkenntnis geht auf die Erforschung dessen, was die *Natur* aus dem Menschen macht, die pragmatische auf das, was er, als freihandelndes Wesen, aus sich selber macht, oder machen kann und soll."[21]

„... die *Erziehung* hat den Zweck, den Menschen zu einem selbständigen Wesen zu machen, d. h. zu einem Wesen von freiem Willen."[22]

„Der Mensch kann nur Mensch werden durch Erziehung. Er ist nichts, als was die Erziehung aus ihm macht."[23]

Durch Erziehung muss der Mensch nach Kant (1) *diszipliniert* werden. Dabei ist zu verhindern, „dass die Tierheit" im Menschen den anderen nicht zum Schaden gereiche. (2) Er muss *kultiviert* werden. Kultivierung verschafft ihm allerlei Geschicklichkeit zu den verschiedensten Zwecken. (3) Er muss *klug* im Umgang mit anderen Menschen werden. Zur Zivilisierung des Umgangs miteinander sind „Manieren, Artigkeit und eine gewisse Klugheit erforderlich, der zufolge man alle Menschen zu seinen Endzwecken gebrauchen kann. Sie richtet sich nach dem wandelbaren Geschmacke jedes Zeitalters." (4) Es bedarf letztendlich der *Moralisierung* der Menschen. Sie müssen eine Gesinnung der Art ausbilden, dass sie im Idealfall „nur lauter gute Zwecke" auswählen. „Gute Zwecke sind diejenigen, die notwendigerweise von jedermann gebilligt werden; und die auch zu gleicher Zeit jedermanns Zwecke sein könnten."[24] Eine moralische Orientierung bestünde in der konsequenten Orientierung am Sittengesetz der reinen Anerkennung.

Die Utopie einer vernünftigen Gesellschaftsordnung

„Ich verstehe aber unter einem *Reiche* die systematische Verbindung verschiedener vernünftiger Wesen durch gemeinschaftliche Gesetze ... Hiedurch aber entspringt eine systematische Verbindung vernünftiger Wesen durch gemeinschaftliche objektive Gesetze, d. i. ein Reich, welches, weil diese Gesetze eben die Beziehung dieser Wesen aufeinander, als Zwecke und Mittel, zur Absicht haben, ein Reich der Zwecke (freilich nur ein Ideal) heißen kann."[25]

> „Nun folgt hieraus unstreitig, dass jedes vernünftige Wesen, als Zweck an sich selbst, sich in Ansehung aller Gesetze, denen es nur immer unterworfen sein mag, zugleich als allgemein gesetzgebend müsse ansehen können …“[26]

Es geht um die *Idee* einer vernünftigen Gesellschaftsordnung, um die „Idee einer vollkommenen, nach Regeln der Gerechtigkeit regierten Republik.“[27]

Hegel schreibt zwar: „Der Staatsgewalt sind die Bürger als Einzelne unterworfen und gehorchen derselben.“ Das hört sich wie ein Gebot zur Nach- und Unterordnung der Einzelnen unter die staatlich-gesellschaftliche Gesamtverfassung an. Aber er fährt im Gegensatz dazu fort: „Der Inhalt und Zweck derselben aber ist die Verwirklichung der natürlichen, d. h. der absoluten Rechte der Bürger, welche im Staat darauf nicht Verzicht tun, vielmehr zum *Genuss und zur Ausbildung* derselben allein in ihm“, in einem Lebenszusammenhang mit anderen gelangen.[28] Ohnehin versteht er damals – ähnlich wie Kant – unter einem Staat „die Gesellschaft von Menschen unter rechtlichen Verhältnissen“[29] Die geschichtlich vorfindlichen Gesellschaften sind von dieser Idee meilenweit entfernt.

Das Gegenbild zur Utopie einer gerechten Gesellschaft, worin „reine Anerkennung“ vorherrschen sowie durch die bestehenden Verhältnisse gestützt würde, liefert die Realität der sozialen Ungleichheit auf gesamtgesellschaftlichem Niveau (und natürlich auch in den alltagsweltlichen Verkehrsformen). Die Grundstruktur dieser sozialen Diskrepanzen lässt sich im Achsenkreuz von *Reichtum, Macht* und *Ehre* (Prestige) erfahren und erfassen (s. o.). Ihnen entsprechen auf der Ebene der Einstellungen und des Rollenverhaltens die Charaktermasken von *„Ehrsucht, Herrschsucht, Habsucht.“*[30] All diese Bestimmungen gibt es in historisch verschiedenartigen Erscheinungsformen sowie mit verschiedenen Graden der Ausprägung ihrer Negativitäten. Es gibt kein Metermaß für den Abstand wirklicher Gesellschaften von der „Idee einer vollkommenen, nach Regeln der Gerechtigkeit regierten Republik“ (s. o.). Aber kritische Theorien der Gesellschaft greifen in der einen oder anderen Weise auf die skizzierten normativen Bestimmungen und ihre Implikationen zurück.

Fichtes Grundsätze als Grundlage seiner Naturrechtslehre

In der griechischen Antike entsprach die *koinonia politike* der Gemeinschaft der freien und männlichen Abstimmungsberechtigten im Stadtstaat (*polis*). In Rom umfasste der Begriff *societas civilis* nach der imperialen Ausdehnung des Stadtstaates die Menge der Rollenträger bestimmter Staatsbürgerrechte im *imperium romanum*. Er ist also nicht mit der bürgerlichen Gesellschaft der Neuzeit gleichzusetzen. Schon Aristoteles hat im Hinblick auf die Verfassung der griechischen Stadtstaaten eine Unterscheidung getroffen, die bis heute die Debatten über Recht und Rechtstheorien auf kontroverse Weisen beeinflusst: „Das Polisrecht ist teils Natur- teils Gesetzesrecht. Das Naturrecht hat überall dieselbe Kraft der Geltung und ist unabhängig von Zustimmung oder Nicht-Zustimmung (der

Menschen)."[31] Das Naturrecht weist also eine universelle Geltung auf. Demgegenüber kommt dem in einer bestimmten Gesellschaft zu historischer Zeit in Kraft gesetzte Recht, dem positiven Recht (von *ponere* aufstellen, hinstellen, aufstellen) nur eine raum-zeitliche begrenzte Geltungskraft zu und es ist wandelbar in der Zeit. Die Unterscheidung von universellen und bloß regional geltenden normativen Bestimmungen des Rechts und der Moral, der Unterschied zwischen Naturrecht und positivem Recht gehört zu den Grundmerkmalen zahlreicher Varianten des sog. „Naturrechtsdenkens." Gleichermaßen charakteristisch für diese sozialphilosophische Denkweise ist die Annahme, die Entwicklung der Menschheit sei von einem Ur- bzw. Naturzustand ausgegangen. Es handelt sich dabei um einen Zustand, dessen Beschreibung zudem grundlegende Annahmen über die Natur des Menschen (*de natura hominis*) enthält. In diesem Zusammenhang werden schließlich auch Fragen nach den ursprünglichen Rechten der Menschheit sowie nach der Rolle sozialer Ungleichheit sowie der Eigentumsordnung aufgeworfen. Die einzelnen Positionen, die in diesem Rahmen entworfen werden, können so gegensätzlich sein wie die Beschreibung des Urzustandes der Menschheit als „Krieg aller gegen alle" durch T. Hobbes (1588–1679) einerseits, die Annahme eines Urkommunismus andererseits. Als *egalitär* können all jene Naturrechtstheorien gelten, die einen Urzustand annehmen, worin alle Menschen in bestimmten Hinsichten gleich sind. Niemand verfügt z. B. über mehr Grundbesitz als die anderen. Den Gegenpol zum egalitären Naturrecht bilden diejenigen Naturrechtstheorien, welche als *affirmativ* bezeichnet werden können. Sie gehen davon aus, die Menschen seien *de natura* bestimmten Herren (wie dem Monarchen oder wie die Frauen und Kinder dem *pater familias*) unterworfen oder müssten sich den Herrengewalten (der Monarchie) unterwerfen, um friedlich leben zu können (Hobbes).

Fichtes Schrift „Grundlage des Naturrechts nach Prinzipien der Wissenschaftslehre" (1796) kann als eine in der Tradition des egalitären Naturrechts stehende Studie gelesen werden, worin all jene Motive, welche in der oben angeführten *Collage* von Zitaten enthalten sind in einen systematischen – von Kant ausgehenden – Zusammenhang gebracht werden. Diese Systematik hängt in Fichtes frühen Schriften allerdings entscheidend von den drei Grundsätzen der „Wissenschaftslehre" (Fichtes Begriff für „Philosophie") ab, die er 1794 veröffentlicht hat. Er erhebt den Anspruch, eine Reihe von Folgesätzen der Philosophie aus *einem* obersten Grundsatz abzuleiten. Doch es gibt auch noch eine andere Deutungsmöglichkeit des logischen Zusammenhangs der drei Grundsätze der Wissenschaftslehre von 1794.[32]

Der *erste Grundsatz* verkörpert in der Tat eine Grundbestimmung, weil er eine Bedingung allen Denkens und Sprechens eines bewusst lebenden Wesens ausdrückt. Sie entspricht einer berühmten Aussage Kants: „Das *Ich denke* muss alle meine Vorstellungen begleiten können; denn sonst würde etwas in mir vorgestellt werden, was gar nicht gedacht werden könnte, welches ebenso viel heißt, als die

Vorstellung würde entweder unmöglich, oder wenigstens für mich nichts sein."[33] Verfügte ich nicht über ein Wissen um mich selbst, über Bewusstsein und Selbstbewusstsein, so würde ich überhaupt keinen kognitiven Gehalt als *meine* Vorstellung bestimmen können. Im Hintergrund steht letztlich Descartes Befund: Ich kann an allem zweifeln, nur nicht daran, dass *ich* derjenige bin, welche/welcher den Akt des Zweifels praktisch vollzieht. „Dass der Mensch in seiner Vorstellung das Ich haben kann, erhebt ihn unendlich über alle anderen auf Erden lebende Wesen."[34] Bei Fichte heißt es dementsprechend: „Ich kann keinen Schritt tun, weder Hand noch Fuß bewegen ohne die intellektuelle Anschauung meines Selbstbewusstseins in diesen Handlungen; nur durch diese Anschauung weiß ich, dass *ich* es tue, nur durch diese unterscheide ich mein Handeln und in demselben mich, von dem vorgefundenen Objekte des Handelns. Jeder, der sich eine Tätigkeit zuschreibt, beruft sich auf diese Anschauung. In ihr ist die Quelle des Lebens, und ohne sie ist der Tod."[35] „Sich selbst setzen" bedeutet eine in Fichtes Werk verbreitete Wortwahl. Sie ist als Ausdruck des selbstbestimmten Entschlusses lesen, sich aktiv auf sich selbst zu besinnen und dabei in diesem Akt – wie im Falle von Descartes' Gedankenexperiment – des eigenen Seins und Selbstseins innezuwerden. Er spricht in diesem Zusammenhang auch von einer „Tathandlung." Dementsprechend lautet der erste Grundsatz allen menschlichen Wissens: *„Das Ich setzt ursprünglich schlechthin sein eigenes Sein."*[36] Selbstbewusstsein und Selbstbestimmung zum Handeln gehören zusammen. Aber kein endliches Wesen kann durch sein Selbstbewusstsein (oder durch Sprechakte) wirklich genuine Naturgegenstände wie etwa physikalische Festkörper in die Welt setzen. Daher gehört zum ersten Satz *unabdingbar* der Gegensatz, der *zweite Grundsatz der Wissenschaftslehre*. So gewiss es ist, dass der logische Grundsatz A = A „unter den Tatsachen des empirischen Bewusstseins vorkommt, so gewiss wird dem Ich schlechthin entgegengesetzt ein Nicht-Ich."[37] Die Menschen müssen sich bei aller Fähigkeit zur Selbstbestimmung ihres Denkens und Handelns immer auch nach dem Sein richten. „Bewusstsein des Ich ist nicht ohne Bewusstsein des Nicht-Ich."[38] Dem entspricht die ontologische Aussage: „Alles Sein bedeutet eine Beschränktheit der freien Tätigkeit."[39] Wir stoßen mit unserem Wollen allemal auf die Tücken des Objekts und die Widerborstigkeit der anderen Subjekte. *Also bedeutet der zweite Grundsatz keine Deduktion aus dem ersten nach den Regeln des Syllogismus, sondern ein notwendiges Korrelat des ersten!* Die Feststellung: Kein Selbstbewusstsein ohne Gegenstandsbewusstsein, kein Gegenstandsbewusstsein ohne Selbstbewusstsein illustriert diesen Tatbestand. Mit anderen Worten: Es handelt sich um die Ur-Teilung. Daran ändert sich auch nichts, wenn wir uns klarmachen, dass ansichseiende Objekte immer nur aufgrund unserer Erkenntnisvermögen, unserer Vermögen der Anschauung, des Verstandes und der Vernunft zugängig sind. Alles, was uns überhaupt erscheinen kann, kann nur im Bewusstsein erscheinen. Nur insofern ist das Ich dem Nicht-Ich vorgeordnet. Aber, dass etwas als Grundbestimmung Vorrang vor etwas anderem hat, bedeutet keineswegs mit Notwendigkeit, dass sie logisch in einem deduktiven Verhältnis zueinander stünden.

Der *dritte Grundsatz* der Wissenschaftslehre soll angeben, wie die logische Relation zwischen den beiden ersten bestimmt werden kann. „Es sollen ... das entgegengesetzte Ich und Nicht-Ich vereinigt, gleichgesetzt werden, ohne dass sie sich gegenseitig aufheben."[40] Es gibt im Hinblick auf dieses Problem eine Reihe von Formulierungen Fichtes, die dazu geführt haben, dass er der Gilde der absoluten Idealisten zugerechnet wird. So sagt er beispielsweise: „Jedes Gegenteil, insofern es das ist, ist schlechthin, kraft einer Handlung des Ich, und aus keinem anderen Grunde. Das Entgegengesetztsein überhaupt ist schlechthin durch das Ich gesetzt."[41] Oder: „Das NichtIch ist also nichts anderes, als bloß eine andere Ansicht des Ich."[42] Aber gleichzeitig distanziert er sich von derartigen Gedankengängen: „Der kritische Idealismus (Fichtes Position – J. R.) ist kein Materialismus oder Dogmatismus. Kein Materialismus, der von den Dingen ausgeht, kein Idealismus, der von dem Geist als Substanz ausgeht. Kein Dualismus, der vom Geist und den Dingen an sich als abgesonderten Substanzen ausgeht."[43] Wie kann dann aber die Relation zwischen Ich und Nicht-Ich gedacht werden? Zwar verankert Fichte die Antwort im Falle des dritten Grundsatzes der „Wissenschaftslehre" von 1794 im Konzept der „Teilbarkeit" von Ich und Nicht-Ich, aber mir erscheint eine Gangart in Richtung von Dialektik naheliegender. Sie wird vom Text her nicht ausgeschlossen. Sie bezieht sich auf das *wechselseitige Ineinanderenthaltensein gleichwohl in einem Gegensatzverhältnis fortbestehender Bestimmungen*. Zwar ist vom Ich als Grundbestimmung aller Vorstellungen auszugehen. Aber „das Bewusstsein des Ich ist nicht ohne Bewusstsein des Nicht-Ich" und ich „kann keine Materie hervorbringen oder vernichten, ich kann nicht machen, dass sie mich anders affiziere, als sie ihrer Natur nach tut. Entfernen oder annähern kann ich sie wohl."[44] Es gibt einen inneren Zusammenhang von Ich und Nicht-Ich, ohne dass der Gegensatz zwischen Ihnen weggedacht werden kann.

Naturrechtslehre und die Konkretisierung der drei Grundsätze

Fichte will seine Naturrechtslehre nach den Prinzipien der Wissenschaftslehre entwickeln und glaubt dabei ebenfalls, den Weg der Deduktion nach den Prinzipien des Syllogismus gehen zu müssen und zu können. Doch ich habe oben zu zeigen versucht, dass die drei Grundsätze einen Strukturzusammenhang der Aussagen bilden, wobei das „Ich denke" die Rolle eines Grundes, eines Dreh- und Angelpunktes aller Erfahrung und nicht die eines Axioms als oberster Satz einer deduktiven Beweisführung spielt. Der weitere Gang der Dinge entspricht so gesehen dem einer sukzessiven *Konkretisierung des Strukturzusammenhanges* jener Grundsätze. Es geht gleichsam um die Ausfüllung der abstrakten Grundsatzstruktur mit konkreteren Bestimmungen, die strukturisomorph passen. Konkretisierung statt Deduktion *more geometrico* kennzeichnet formallogisch die Übertragung der Grundsätze ins Detail. Diese These findet sich in ähnlicher Form in der Fichte-Interpretation von E. Düsing: Es gibt das „Herabsteigen von der Begriffssphäre der Merkmale des reinen Ich zu der niederen, engeren und damit konkreteren und inhaltlich reicheren Merkmalssphäre des individuellen Ich" – in seiner Beziehung zur Dingwelt und zum anderem Ich wäre hier allerdings zu ergänzen.[45] „Herabsteigen" bedeutet so gesehen weder eine klassische Deduktion noch eine cartesianische *resolutio* (Analysis). Es geht vielmehr um die Anreicherung der abstrakten Ausgangsstruktur mit immer mehr konkreten Bestimmungen, bis der erwünschte empirische Konkretionsgrad erreicht ist. Dabei wäre auf allen Stufen Strukturisomorphie mit der allgemeinen Konfiguration der drei Grundsätze zu wahren!

Fichtes „Grundlage des Naturrechts nach Prinzipien der Wissenschaftslehre" (1796) zielt ausdrücklich auf die Übertragung der Grundsätze der Wissenschaftslehre von 1794 in den konkreteren Kontext naturrechtlicher Bestimmungen. Dem *ersten Grundsatz* verleiht er dabei die folgende Wendung: „Ein endliches vernünftiges Wesen kann sich selbst nicht setzen, ohne sich eine freie Wirksamkeit zuzuschreiben."[46] Fichte unterteilt verschiedentlich das Nicht-Ich in Dingwelt und anderes Ich („Ich und Du"). Der *zweite Grundsatz* der Naturrechtslehre betont die Eigenständigkeit des anderen Ich. Er lautet: „Das endliche Vernunftwesen kann eine freie Wirksamkeit in der Sinnenwelt sich selbst nicht zuschreiben, ohne sie auch anderen zuzuschreiben, mithin, auch andere endliche Vernunftwesen außer sich anzunehmen."[47] Das kann vielleicht auch so gelesen werden: Das Ich steht nicht nur einem eigenständigen materiellen, sondern auch einem eigenwilligen (personalen) Nicht-Ich gegenüber. Von daher wirft Fichte überdies die Frage auf, wie sich erklären lässt, dass das Ich überhaupt dazu kommt, „auch andere endliche Vernunftwesen außer sich anzunehmen."[48] Damit entsteht für eine Reihe von Kritikern der Eindruck, er wolle die Dimension der Intersubjektivität aus der Tathandlung eines monologischen Übersubjekts ableiten. Ich gehe demgegenüber von seiner eigenen, im 2. Grundsatz der Wissenschaftslehre aufgehobenen Einsicht aus, dass sich die Reflexion des Individuums nur in der Interaktion mit widerständigen Gegebenheiten (wie Dinge, Problemsituationen etc.) sowie mit selbständigen anderen Subjekten entwickeln kann. Das Ich ist nichts ohne das Nicht-Ich und es „ist der Charakter des Objekts, dass die freie Tätigkeit des Subjekts bei seiner Auffassung gesetzt werde, als gehemmt."[49] Bei Umberto Eco findet sich der genau parallel dazu verlaufende Gedanke: „Das Sein setzt uns ‚Neins' entgegen in derselben Weise, wie dies eine Schildkröte tun würde, die man zum Fliegen auffordert ... Das Sein sagt, außer in unserer Metapher, nie ‚nein' zu uns. Es gibt nur nicht die gewünschte Antwort auf unsere fordernden Sprachen. Die Grenze liegt in unserem Wünschen, in unserem Streben nach absoluter Freiheit."[50] Die subjekttheoretisch konkretisierte Frage im Anschluss an den 3. Grundsatz lautet von daher: Wie kann der selbständige Einzelne seine Selbständigkeit bewahren und gleichzeitig den Bestimmungen des Nicht-Ich in dessen doppelter Ausprägung als Materie und anderes Ich ausgesetzt sein? Die „beide(n) Charaktere sollen erhalten werden, und keiner verloren gehen. Wie soll dies möglich sein?"[51] Fichtes Antwort auf diese Frage lautet: „Beide sind vollkommen vereinigt, wenn wir uns denken ein Bestimmtsein des Subjekts zur Selbstbestimmung, eine Aufforderung an dasselbe, sich zu einer (selbstbestimmten – J. R.) Wirksamkeit zu entschließen."[52] „Bestimmtsein" durch das andere Ich bedeutet in diesem Falle nicht die kausale Manipulation, sondern den unabdingbaren Anstoß durch selbständige Andere zum eigenen selbstbestimmten Denken und Handeln. Er ist unerlässlich. Damit zeichnet sich die Wendung zur Argumentationsfigur einer „Vermittlung der Gegensätze in sich" ab, die ich oben dem 3. Grundsatz im Anschluss an Kants Freiheitsantinomie gegeben habe. Das Wesensmerkmal des einen Ich (Reflexivität als Einheit der Fähigkeiten des Selbstbewusstseins und der Selbstbestimmung zum Handeln) ist die Quelle des Gegensatzes zum (personalen) Nicht-Ich, das jedoch das andere Ich trotz des fortbestehenden Gegensatzes ebenfalls als Wesensmerkmal in sich enthält. Gleichzeitig können diese Subjekte ihre Reflexivität nicht ohne fördernde Anstöße durch andere ausbilden und entwickeln. Nur unter Rückgriff auf diese Argumentationsfigur geht keiner der beiden „Charaktere" trotz ihres Gegensatzes „verloren."

Zusammenfassung: Damit ergibt sich folgendes Gesamtbild der ersten Schritte zur Konkretisierung der abstrakten Grundsätze der Wissenschaftslehre in Richtung auf die Idee einer rationalen Interaktion nach Maximen der egalitären Naturrechtslehre: Der erste Grundsatz hat gelehrt, dass die Selbständigkeit des empirischen Ich (welche als Spontaneität des „ich denke" allem Wissen und Handeln der Subjekte zugrunde legt) nicht ohne die Existenz des seinerseits selbständigen Vernunftwesens „Du" zu denken ist – so wenig, wie der erste Grundsatz ohne seinen Gegensatz zum Inhalt des zweiten denkbar ist. Dieser Gegensatz verweist auf das Nicht-Ich in seinen beiden grundlegenden Erscheinungsformen: Als Materie (deren Existenz sich im Widerstand gegen das Wollen bemerkbar macht) sowie als anderes Subjekt, das eigenwillig handelt und produktive (Reflexivität – J. R.) oder destruktive (wie im Falle von Repression) Anstöße gibt. Meine Deutungshypothese bleibt also: Die Konkretisierung des dritten Grundsatzes entspricht einer Konfiguration von Aussagen über das Verhältnis von Ich und Nicht-Ich, die der Syntax der Dialektik als „Vermittlung der Gegensätze in sich" einen entscheidenden Schritt näherkommt.

Grundsätze humaner Interaktion

Hinter Fichtes Fragestellungen stehen immer auch Prämissen der philosophischen Anthropologie. Er greift darauf ausdrücklich zurück.[53] In der „Grundlage des Naturrechts" fasst er sie in einer elementaren Aussage als ein Menschenbild zusammen, dessen Varianten sich im Ausgang von J. G Herder (1744–1803) über Fichte und Nietzsche bis hin zu A. Gehlen (1904–1976) verfolgen lassen: „Die Natur hat alle ihre Werke vollendet, nur von dem Menschen zog sie die Hand ab, und übergab ihn gerade dadurch an sich selbst. Bildsamkeit, als solche, ist der Charakter der Menschheit."[54] F. Nietzsche schreibt dann später: „Grundsatz: Das, was im Kampf mit den Tieren dem Menschen seinen Sieg errang, hat zugleich die schwierige und gefährliche krankhafte Entwicklung des Menschen mit sich gebracht. Er ist das nicht festgestellte Tier."[55] Gehlen bezeichnet den Menschen als „Mängelwesen." Diese philosophisch-anthropologische Prämisse gehört zu Fichtes Versuch der Begründung einer *Theorie rationaler Interaktion* – im Anschluss an Kant sowie in der Tradition des egalitären Naturrechtsdenkens. Diese anthropologischen Prämissen bestimmen zudem den Inhalt der drei Grundsätze der Naturrechtslehre Fichtes. Auch wenn er explizit den Plan einer Deduktion eines rationalen Rechtsverständnisses aus einem obersten Grundsatz verfolgt, ist es auch in diesem Falle möglich, eher an eine Konkretisierung jener dialektischen Konfiguration der drei Grundsätze aus der Wissenschaftslehre von 1794 zu denken. In diesem Sinne soll der erste Grundsatz der Wissenschaftslehre in die konkretere Fassung des *ersten Lehrsatzes* der Naturrechtslehre gebracht werden. Er lautet: „Ein endliches vernünftiges Wesen kann sich selbst nicht setzen, ohne sich eine freie Wirksamkeit zuzuschreiben."[56] Es geht um die Tathandlung. Durch den freien Entscheid, sich selbst und sonst nichts zum Bezugspunkt eines Denkaktes zu erheben, wird das Individuum der Unbedingtheit (Freiheit) dieses Tuns und zugleich der Existenz seiner selbst gewiss. Das Ich ist nichts anderes, „als zugleich seine Tat, und sein Produkt", mithin ein Aktivitäts- und kein Kontemplationszentrum.[57] Fichte betont immer wieder: Das „aufgestellte Vernunftwesen ist ein endliches."[58] Es handelt sich also um den *intellectus ectypus* (Kant), der sich immer auch „nach dem Sein" richten muss und dessen freie Tätigkeit auf den Widerstand der Gegenständlichkeit sowie auf unwillige Andere stößt. Die Tathandlung (die Aktivität des „Sichselbstsetzens") des Ich kann mithin nur „vermittelst des möglichen Gegensatzes" zu etwas, „das seinen Grund nicht in ihm hat", vollzogen werden.[59]

Im Einklang mit dem *zweiten Grundsatz* der ‚Wissenschaftslehre' heißt es daher: Es müssen Sachverhalte angenommen werden, „welche nicht diese Tätigkeit, sondern derselben entgegensetzt" sind.[60] Das Ich „muss eine Welt außer sich setzen."[61] Daraus folgt auf keinen geraden logischen Pfaden, diese Außenwelt sei nichts anderes als sein Produkt, stelle bloß eine Konstruktion des absoluten Ich oder von Konstruktivisten als Solipsisten dar. „Das endliche Vernunftwesen kann eine freie Wirksamkeit in der Sinnenwelt sich selbst nicht zuschreiben, ohne sie auch anderen zuzuschreiben, mithin, auch andere endliche Vernunftwesen außer sich anzunehmen."[62] Das bedeutet, wie gesagt: Das Ich steht nicht nur einem eigenständigen materiellen, sondern auch einem eigenwilligen (personalen) Nicht-Ich gegenüber. Dem entspricht die im zweiten Grundsatz der Wissenschaftslehre aufgehobenen Einsicht, dass sich die Reflexion des Individuums nur in der Interaktion mit widerständigen Gegebenheiten (wie Dinge, Problemsituationen etc.) sowie mit selbständigen anderen Subjekten entwickeln kann. Im Einklang mit der logischen Problematik des *dritten Grundsatzes* ergibt sich aus all dem die zentrale subjekttheoretisch konkretisierte Fragestellung: Wie kann der selbständige

Einzelne seine Selbständigkeit bewahren und gleichzeitig den Bestimmungen des Nicht-Ich in dessen doppelter Ausprägung als Materie und anderes Ich ausgesetzt sein?

Der *dritte Grundsatz* der Wissenschaftslehre fordert, die „beide(n) Charaktere sollen erhalten werden, und keiner verloren gehen. Wie soll dies möglich sein?" Die beiden Charaktere bedeuten nun Ich und personales Nicht-Ich. Fichtes Antwort auf diese Frage lautet: „Beide sind vollkommen vereinigt, wenn wir uns denken ein Bestimmtsein des Subjekts zur Selbstbestimmung, eine Aufforderung an dasselbe, sich zu einer (selbstbestimmten – J. R.) Wirksamkeit zu entschließen."[63] Äußere Anstöße (Bestimmungen), selbstbestimmt zu denken und zu handeln sind unverzichtbar. Doch diese Aufforderung zur Selbständigkeit stellt keine vom Eigeninteresse motivierte Einwirkung des Du, des *alter ego* dar, sondern eine Anregung dar. Nur unter Rückgriff auf die im dritten Grundsatz der Wissenschaftslehre enthaltene Argumentationsfigur geht die Selbständigkeit keiner der beiden „Charaktere" trotz ihres Gegensatzes „verloren." „Der Mensch (so alle endlichen Wesen überhaupt) wird nur unter Menschen ein Mensch."[64] Er kann sich „am entgegengesetzten Nicht-Ich überhaupt erst fühlen und erfahren" und nur durch die Anstöße des anderen Ich seine Selbständigkeit ausbilden und erhalten.[65]

Anerkennung und Bildung

Fichtes Formulierung, „ein endliches, vernünftiges Wesen" setze sich selbst, lässt sich auch so lesen: Der einzelne Mensch muss sich (wie sehr er auch durch die innere und äußere Natur bestimmt wird) ein Stück weit selbst bestimmen, „etwas aus sich selbst machen", wie es bei Kant heißt. In dieser Hinsicht ist er ein durch seine organische Ausstattung, seine Instinkte und natürlichen Lebensbedingungen im Vergleich zu den Tieren entschieden weniger festgestelltes Tier. Selbstverständlich stellt Willensfreiheit die Voraussetzung dafür dar, überhaupt etwas aus sich machen zu können. Unter dem, was Fichte „das vernünftige Wesen" nennt, lässt sich also das Individuum als selbständiges Subjekt verstehen. In der Tat: Gemeint ist das menschliche Individuum, insofern es seiner selbst bewusst ist und fähig ist, sich selbst zu Handlungen zu bestimmen. Es kann jedoch nicht nach Belieben etwas aus sich selbst machen. Das individuelle Leben des Subjekts bewegt sich im Spannungsfeld von Autonomie und Heteronomie. Das Nicht-Ich ist Ausdruck von Bedingungen menschlichen Lebens einerseits, der vielfältigen Zwänge andererseits, die den Charakter, den Sozialcharakter und das Rollenverhalten (mit)bedingen. Gewährleistete Existenzbedingungen bedeuten Positivitäten, im besten Falle positive Bedingungen und faktische Voraussetzungen für ein gutes und vernünftiges Leben. Die Negativität der Heteronomie macht sich mit all jenen (allerdings historisch allgegenwärtigen und oftmals vorherrschenden) Ereignissen, Aktionen und Vorgängen bemerkbar, welche den freien Willen der Subjekte unterdrücken. Die natürlichen und sozialen Verhältnisse müssen nicht nur in der Fichte'schen Version der Naturrechtslehre zusammen mit dem Vernunftrecht die Glückseligkeit darüber hinaus den autonomen Willen fördern, soll man ihnen Qualitäten wie „gut" (etwa in der Gestalt besondere Lebensqualitäten) und „vernünftig" (d. h.: autonomiebestätigende Interaktionen, sie tragende Institutionen und Organisationen, letztlich einer autonomiefördernden Verfassung des gesamten Lebenszusammenhangs) zuschreiben können.

Rationale Interaktionen zwischen Menschen beschreibt Fichte als Anerkennungsbeziehungen. Autonomie und Heteronomie, so hat er im Anschluss an den dritten Grundsatz der Wissenschaftslehre gesagt, sind vollkommen „vereinigt, wenn wir uns denken ein Bestimmtsein des Subjekts zur Selbstbestimmung, eine Aufforderung an dasselbe, sich zu einer (selbstbestimmten – J. R.) Wirksamkeit zu entschließen."[66] Es handelt sich mithin um den Anstoß zur freien Tathandlung. Der freie Wille der einen stößt den freien Willen der anderen an. Bei diesen Anstößen handelt es sich jedoch um keine Billardkugelkausalität nach der Art der Impetusphysik. Der Anstoß zur selbständigen Lebensäußerung weist vielmehr die Qualität einer Anregung auf; denn der Angesprochene muss die Aufforderung aus dem freien Entschluss heraus annehmen und kann sie im Prinzip immer zurückweisen. Der Adressat soll also „durch die Aufforderung keineswegs bestimmt, necessisiert (genötigt – J. R.) werden, wie es im Begriff der Kausalität das Bewirkte durch die Ursache wird, sondern soll nur zufolge derselben sich selbst bestimmen."[67] Vorausgesetzt wird allerdings, der Adressat könne diese Anregung „verstehen und begreifen."[68] All das geht in Fichtes Anerkennungsbegriff ein, den Hegel wohl in erster Linie von ihm übernommen hat. Die eigentlichen Wurzeln dieses Konzepts sind allerdings in jener berühmten inhaltlichen Wendung zu suchen und finden, welche Kant dem Kategorischen Imperativ gegeben hat: „Handle so, dass du die Menschheit sowohl in deiner Person, als in der Person eines jeden andern zugleich als Zweck, niemals als bloß als Mittel brauchest."[69] Fichte transformiert Kants Sittengesetz in das symbolisch vermittelte (d. h.: in das durch „verstehen und begreifen" zu klärende) Wechselverhältnis (*3. Grundsatz*) von autonomen (*1. Grundsatz*) Subjekten, die allemal vom Nicht-Ich in seiner Erscheinungsform als innere und äußere Natur einerseits, als anderes Subjektandererseits beeinflusst werden (*2. Grundsatz*). Der Kategorische Imperativ entspricht dem, was Hegel später dann „reine Anerkennung" genannt hat. Aber Bestimmtsein durch das Nicht-Ich gibt es stets auch in der Form von Zwängen und Repression. Es handelt sich dann um Willensunterdrückung und Entwürdigung des Subjekts, die durch die Taten und Einwirkungen anderer Personen und/oder von Institutionen, Organisationen und/oder von Strukturen und Prozessen des gesellschaftlichen Ganzen bedingt sind. Repression und Manipulation sind in der gesellschaftlichen Realität leider viel eher zu erwarten als die Verwirklichung reiner Anerkennungsbeziehungen. Nur im idealen Fall wären die Verhältnisse insgesamt so gestaltet, dass sie die Idee des reinen und autonomen Willens (*1. Grundsatz*) sowie vernünftiger Willensverhältnisse zwischen autonomen Subjekten so weit wie es im Rahmen der historischen Lebensbedingungen möglich ist (2. *Grundsatz*) fördern, diese sogar hervorbringen und unterstützen (3. *Grundsatz*). Zu Anerkennungsbeziehungen gehört also die Bestimmung zur Selbstbestimmung, was für Fichte zugleich dem entspricht, was man Bildung oder vernünftige Erziehung zum Vernunftgebrauch nennt. „Die Aufforderung zur freien Selbsttätigkeit ist das, was man Erziehung nennt."[70]

Eine vernünftige Beziehung bzw. Interaktion zwischen Menschen überhaupt würde demnach in ihrer idealen Gestalt so aussehen: „Die Erkenntnis des einen Individuums vom anderen, ist bedingt dadurch, dass das andere es als ein freies behandele, (d. i. seine Freiheit beschränke durch den Begriff der Freiheit des ersten)." Daher kann Keines „das andere anerkennen, wenn beide sich nicht gegenseitig anerkennen: und keines kann das andere behandeln als ein freies Wesen, wenn beide nicht beide sich gegenseitig so behandeln."[71] Selbstverständlich stellt z. B. die Sozialisation von Kleinkindern ein Beispiel für asymmetrische Erziehungsprozesse dar. Doch diese Art der Asymmetrie ist keinesfalls mit Herrschafts-, Macht- und Zwangsverhältnissen gleichzusetzen, so sehr diese die faktischen Interaktionen auch bei der primären und sekundären Sozialisation durchziehen mögen. Vernünftige Bildungsprozesse implizieren von daher von Anfang an einen produktiven Gegensatz zwischen dem Ich und dem Nicht-Ich in seiner Erscheinungsform als bedeutsames anderes Subjekt. Das Individuum auf dem Status eines wie immer noch nicht gebildeten Subjekts ist nach den Prinzipien der Wissenschaftslehre „das durch die Entgegensetzung mit (mindestens – J. R.) einem anderen Wesen bestimmte Vernunftwesen; und dasselbe ist charakterisiert durch eine bestimmte, ihm ausschließlich zukommende Äußerung der Freiheit."[72] Es dürfte klar sein, dass „Gegensatz" in diesem Falle nicht mit einem Antagonismus, Machtanspruch oder Herrschaftskonflikt gleichzusetzen ist, sondern eine produktive, förderliche Gegenläufigkeit der freien Willensäußerungen meint! „In dieser Unterscheidung durch Gegensatz wird durch das Subjekt der Begriff seiner selbst als eines freien Wesens, und der des Vernunftwesens außer ihm, als ebenfalls ein freies Wesen, gegenseitig bestimmt und bedingt ... Hätte jenes (das bildende Subjekt – J. R.) nicht gewirkt, und dadurch das (zu bildende – J. R.) Subjekt zur Wirksamkeit aufgefordert, so hätte dieses selbst auch nicht gewirkt."[73] Es handelt sich um die nämliche Aufforderung zur Selbständigkeit, wie sie im ersten Grundsatz als Anstoß zur selbstbestimmten Tathandlung aufgehoben ist. „Bestimmung zur Selbstbestimmung" stellt einen trefflichen Ausdruck dar, der Bildung nicht einfach nur in einer logisch idealtypisierten, sondern auch in einer normativ idealisierten Form als Erziehung zur Mündigkeit hervorhebt. Die anerkennende Interaktion zwischen Ego und Alter geht nicht darin auf, dass beide nach dem Prinzip der Kausalität als „Wechselwirkung" aufeinander einwirken und sich dabei wie „gemeine Gegenstände" behandeln, obwohl der repressive Beziehungstypus in der gesellschaftlichen Wirklichkeit stets auf eine bestimmte Weise mit im Spiel ist, wenn nicht in bestimmten Lebenszusammenhängen im Vordergrund steht. Zwar wird „Wechselwirkung" zwischen Akteuren oftmals mit

„Interaktion überhaupt“ gleich welcher Art gleichsinnig gebraucht. Fichte zielt jedoch auf einen besonderen Typus der Wechselwirkung / Interaktion zwischen Vernunftwesen: „Es ist hiermit das Kriterium der Wechselwirkung vernünftiger Wesen als solcher aufgestellt. Sie wirken notwendig unter der Voraussetzung aufeinander ein, dass der Gegenstand der Einwirkung einen Sinn habe; nicht wie auf bloße Sachen, um einander durch physische Kraft für ihre Zwecke zu modifizieren.“[74] Damit offenbart sich erneut der Einfluss der Selbstzweckformel des Kategorischen Imperativs von Kant.

Der Weg der Konkretisierung soll in Fichtes Buch über die „Grundlage des Naturrechts“ zum Recht und einer Rechtsordnung der Gesellschaft führen. Deswegen wird das „Erste Hauptstück“ dieser Schrift nicht mit „Deduktion des anderen Ich“, sondern mit „Deduktion des Begriffs vom Rechte“ überschrieben. Im Kern der Rechtsproblematik steht bei ihm eindeutig (in der Tradition der „Metaphysik der Sitten“ von Kant) die Frage, wie die Strebungen (die Interessen) der vielfältigen Individuen mit ihren selbstbestimmten, oftmals auch willkürlichen Handlungen in Einklang zu bringen sind. Nach Kant fragt es sich mithin, „ob und dadurch (= wodurch – J. R.) die Handlung eines der beiden (Subjekte, letztlich aller anderen – J. R.) sich mit der Freiheit des anderen nach einem allgemeinen Gesetze zusammen vereinigen lasse.“[75] Dem entspricht bei Fichte die auf Rechtsverhältnisse hin konkretisierte Wendung seines dritten Grundsatzes: „Ich muss das freie Wesen außer mir in allen Fällen anerkennen als ein solches, d. h. meine Freiheit durch den Begriff der Möglichkeit seiner Freiheit beschränken.“[76] Das liest sich als inhaltlich nahezu deckungsgleich mit einer Formulierung der zentralen Rechtsmaxime bei Kant: „[H]andle äußerlich so, dass der Gebrauch deiner Willkür mit der Freiheit von jedermann nach einem allgemeinen Gesetze zusammen bestehen könne.“[77] Die Sphäre des allgemeinen menschlichen Lebenszusammenhanges, die gesellschaftliche Praxis wird zum zentralen Thema. Denn „nur durch Handlungen, Äußerungen ihrer Freiheit, in der Sinnenwelt, kommen vernünftige Wesen in Wechselwirkung miteinander: der Begriff des Rechts bezieht sich sonach nur auf das, was in der Sinnenwelt sich äußert: was in ihr keine Kausalität hat, sondern im Innern des Gemüts verbleibt, gehört vor einen anderen Richterstuhl, den der Moral.“[78] Damit wirft er das Problem des Verhältnisses von Recht und Moral, von Legalität und Moralität auf genau die gleiche Weise wie Kant auf. Hält man sich an Fichtes Anerkennungsbegriff, dann eröffnet diese Kategorie die Möglichkeit, Anerkennung auch – wie später bei Hegel – über die Interaktion zwischen Einzelnen hinaus als das normative Prinzip zu begründen, das Recht und Moral auf vernünftige Weise verkoppelt! Es würde sich um ein „Reich der Zwecke“ (Kant) handeln, worin jede(r) den freien Willen respektiert und unterstützte. Auch der Zusammenhang mit der sog. „goldenen Regel“ wird deutlich. „Ich kann einem bestimmten Vernunftwesen nur anmuten, mich für ein vernünftiges Wesen anzuerkennen, inwiefern ich selbst es als ein solches behandle – Aber ich muss allen vernünftigen Wesen außer mir, in allen möglichen Fällen anmuten, mich für ein vernünftiges Wesen anzuerkennen."[79]

Verwunderung?

Warum habe ich einen – trotz all seiner Bemühungen um „sonnenklare Berichte" – als sehr schwer verständlichen geltenden Autor wie J. G. Fichte so sehr in den Vordergrund gerückt? Die Antwort ist einfach: Weil er die auch heute noch in verschiedenen gesellschaftstheoretischen und philosophischen Schriften aufgehobene Kategorie der „Anerkennung" reflektiert und auf deren Grundlage eine Idee davon vermittelt, was rationale Interaktion heißen könnte. Die Frage ist, wie diese normative Grundvorstellung in späteren Interaktionstheorie aufgegriffen, verändert, explizit oder implizit verworfen wird.

Kapitel 6

Homo rationalis und die Charaktermaske des *homo oeconomicus*

Sinnvolles Handeln

> „Jede denkende Besinnung auf die letzten Elemente sinnvollen menschlichen Handelns ist zunächst gebunden an die Kategorien ‚Zweck' und ‚Mittel'".[1]

Die „denkende Besinnung" verkörpert den systematischen Blick auf die verwirrende Vielfalt menschlicher Handlungen. Diese werden in der Perspektive gelingender oder misslingender Zuordnung von Mitteln zu den Zielen und Zwecken betrachtet, welche die Akteure – unter den Rahmenbedingungen ihrer konkreten Situation – anstreben. „Sinnvolles menschliches Handeln" bedeutet im Einklang mit dem § 1 von Webers „Soziologischen Grundbegriffe", dass die Akteure mit ihrem eigenen Verhalten einen „subjektiven Sinn" verbinden und/oder sich am Sinn der Handlungen anderer orientieren.[2] Aber was ist „Sinn"? Ein Antwortversuch steht vor dem Problem des Facettenreichtums dieser Kategorie. Die verschiedensten Klassifikationen der Hauptdimensionen des Sinnbegriffs sind denkbar. Eine Möglichkeit sieht so aus:

A: Aktorsinn.

1. *Sinn* als der Inhalt (semantischer Gehalt) von Begriffen und Aussagen.
2. *Sinn* als Bedeutung, das heißt als Klasse der Sachverhalte, worauf sich Begriffe und Aussagen beziehen (Referenz = Gegenstandsbezug).
3. *Sinn* als Situationsverständnis der Akteure (*definition of the situation*)
4. *Sinn* als der Wissensbestand der Akteure (A. Schütz: *stock of knowledge at hand*).
5. *Sinn* als Inhalt (propositionaler Gehalt) alltagsweltlicher Sprachspiele (Sprechakte).
6. *Sinn* als Menge der Normen, Regeln und Kriterien, woran Akteure orientiert sind.
7. *Sinn* als Menge der normativen und antizipatorischen Erwartungen der Akteure.
8. *Sinn* als Problembewusstsein der Akteure.
9. *Sinn* als Menge der Motive (Wünsche, Absichten, Neigungen) der Akteure.
10. *Sinn* als Ausdruck für die Ziel- und Zwecksetzungen der Akteure.
11. *Sinn* als Ausdruck für die Handlungsstrategien der Akteure.
12. *Sinn* als „subjektive Zweckrationalität". Es handelt sich um den Grad des Erfolges der Akteure bei der Zuordnung der Mittel zu ihren Zielen und Zwecken.
13. *Sinn* als Handlungs*grund* im Sinne der Unterscheidung zwischen Gründen und Ursachen des Handelns.

B. Aktionssinn. Vom Beobachterstandpunkt aus bestimmter Aktorsinn.

1. *Aktionssinn* als Ergebnis von Operationen des *Verstehens* der kognitiven Gehalte (=Wissen, Problembewusstsein, Regeln etc.), woran die beobachteten Akteure bewusst, vorbewusst oder unbewusst orientiert sind.
2. *Aktionssinn* als Verstehen (Interpretation, Deutung) der *Texte* der Autoren. Texte bedeuten explizite Aussagenzusammenhänge mündlicher und schriftlicher Art der Akteure selbst.
3. *Aktionssinn* als Motivverstehen. Es besteht in dem Versuch, zu verstehen, aus welchen *Gründen, Antrieben* oder *Neigungen* die Akteure gehandelt oder etwas unterlassen haben.
4. *Aktionssinn* als „rationales Handlungsverstehen" (M. Weber). Es geht um die Beurteilung der Aktionen zur Koordination von Mitteln und Zwecken auf Seiten der Akteure als „objektiv richtigkeitsrational" oder „irrational" durch die äußeren Beobachter. Die Voraussetzung dafür ist Besserwisserei, das heißt unter Umständen besser zu wissen, wie sich das Ziel besser erreichen oder ein Problem besser bearbeiten lässt.
5. *Aktionssinn* als Regelverstehen. Das Regelverstehen auf Seiten der Beobachter weist eine besondere Qualität auf. Die profundeste Einsicht in das, was Akteure antreibt, erreiche ich dann, wenn ich mich selbst praktisch auf die Regel(n) verstehe, denen sie folgen. In diesem Falle bedeutet „objektive Richtigkeitsrationalität" so viel wie „wohlbegründete Einsicht" in die Regelorientierungen der Akteure sowie die Fähigkeit, seinerseits diesen folgen zu können.
6. *Aktionssinn* als Ergebnis einer Kausalanalyse der Faktoren und Gesetzmäßigkeiten, welche bestimmte Verhaltensmuster der Akteure bewirken oder bewirkt haben.

Systemischer Sinn

1. *Systemsinn* als Ausdruck für die *Funktionen*, die überindividuelle soziale Gebilde wie irgendeine Organisation übernehmen (sollen). Der Organisationen werden Aufgaben zugeordnet und/oder Bezugsprobleme vorgezeichnet, die nicht nur durch die Mitarbeiterinnen und Mitarbeiter, sondern auch durch verschieden Prozesse (z. B. Verfahren als geregeltes und regelmäßiges Vorgehen nach Vorschriften) möglichst erfolgreich bearbeitet werden sollen.
2. *Systemsinn* als institutioneller Sinn, das heißt als Aufgabe, die ein *Verfahren* innerhalb einer Organisation erfüllen soll (Ziel und Zweck). Das Standesamt ist – so gesehen – eine Organisation, die Heirat bedeutet eine Institution.
3. *Systemsinn* in seiner Erscheinungsform als „kultureller Überbau" (Marx), „objektive Kultur (G. Simmel) insgesamt.
4. *Systemsinn* als Ergebnis der Analyse und Bewertung des gesellschaftlichen Gesamtzustandes. *Ist* eine bestimmte faktische Ordnung sozialer Beziehungen gerecht oder ungerecht?

Ich bilde mir nicht ein, dass diese Aufstellung vollständig ist, hoffe jedoch, dass sie sich zumindest als hilfreich erweist. Der Facettenreichtum des Sinnbegriffs verdeutlicht Webers einschränkenden Hinweis, dass jede denkende Besinnung auf das menschliche Handeln *zunächst* an die Kategorien „Zweck“ und „Mittel“ gebunden ist. Es gibt eine Reihe andere Muster „denkender Besinnung“ auf den „Sinn“ sozialer Tatsachen. Doch dem Zweck-Mittel-Schema, das ohnehin in verschiedenen der angeführten Bedeutungsdimensionen impliziert ist, kommt in der Tat ein besonderes Gewicht zu. Zum ersten durch eine für erfolgsorientiertes Handeln zentrale normative Bestimmung: Wenn Akteure im Rahmen ihres Wissens über die Lage sowie im Bewusstsein der für sie verfügbaren Optionen und Strategien, so vorzugehen verstehen, dass ein wie immer auch für sie zufriedenstellender Erfolg erzielt wird, dann handeln sie nach der Einschätzung von Beobachtern, aber auch nach eigener Ansicht *rational* im Sinne von *zweckrational*. Ihr Handeln weist einen rationalen Sinn und Gehalt auf. Zum zweiten kommt dem Grad *tatsächlicher* Zweckrationalität des Handelns in der alltäglichen Lebensführung eine fundamentale Rolle zu. Denn bei den historisch verschiedenartigen Mustern der individuellen *Arbeit* zur Sicherstellung des Lebensunterhaltes geht es ja in erster Linie darum, Kompetenzen und Mittel so einzusetzen, dass die materielle Selbsterhaltung möglich ist. Arbeit fand und findet in Kooperation der Arbeitenden als *Produktion* oder *Dienstleistung* statt. Die Geschichte zeigt jedoch, dass noch so kompetente und intensive Arbeit – von einschneidenden Veränderungen der äußeren Natur abgesehen – keine sichere Existenz garantieren muss. Das Existenzminimum breiter Bevölkerungsgruppen wird vor allem dann unterschritten, wenn es Herrengewalten mit den Mitteln der Manipulation, Repression und Legendenbildung gelingt, die größten Anteile am gesellschaftlichen Produkt und Mehrprodukt zu appropriieren.

Systematische Beobachter reklamieren im Allgemeinen ein besseres Wissen über die Situation, breitere Einsicht in die vorhandenen Optionen sowie beim Blick auf erfolgversprechende Strategien und Techniken des Vorgehens. Sie reklamieren in diesem Falle „objektive Richtigkeitsrationalität“ (M. Weber) und behandeln Zweckrationalität als eine *Norm*, woran der Vernunftstatus der Orientierungen und des Handelns anderer Menschen „gemessen“ wird. Auf eine vergleichbare Weise verfahren auch Alltagsmenschen, wenn sie sich beispielsweise über das mangelnde Geschick anderer aufregen. Die „Konstruktion eines streng zweckrationalen Handelns“ dient den sozialwissenschaftlichen Beobachtern dazu, „das reale, durch Irrationalitäten aller Art (Affekte, Irrtümer) beeinflusste Handeln als ‚Abweichung‘ von dem bei rein rationalem (= zweckrationalen – J. R.) Verhalten zu gewärtigenden Verlaufe“ zu verstehen.[3] Die tatsächlichen Erscheinungsformen erfolgsorientierten Handelns werden am Idealtypus eines einschränkungslos zweckrationalen Vorgehens „gemessen“. Bei Kant entsprechen die *hypothetischen Imperative* dem reinen Typus zweckrationalen Handelns; denn hypothetische Imperative „stellen die praktische Notwendigkeit einer Handlung als Mittel zu etwas anderem, was man will (oder doch möglich ist, dass man es wolle) zu gelangen vor."[4] „Hypothetisch" deswegen, weil es heißt: Einmal vorausgesetzt, du wolltest das Ziel z erreichen, angenommen überdies, dir sei die Regelmäßigkeit oder die Gesetzmäßigkeit bekannt: ‚Immer, wenn y, dann auch z', dann ist es geboten, y herbeizuführen oder herzustellen, um z zu erreichen. Die Zwecke werden also hypothetisch vorausgesetzt. Aber: „Ob der Zweck vernünftig und gut sei, davon ist hier nicht die Frage, sondern nur, was man tun müsse, um ihn zu erreichen."[5] Kant unterscheidet zwei elementare Typen hypothetischer Imperative: *Imperative der Geschicklichkeit* und *Imperative der Klugheit*. In dem einen Fall geht es um den geschickten Mitteleinsatz bei der Gestaltung der Dingwelt. Im zweiten Fall geht es um den taktisch und strategisch klugen Umgang mit anderen Personen. Ihre Reaktionen werden als Bedingungen und Mittel für die eigenen Zwecke angesehen und behandelt. Es wird mit der Widerständigkeit und/oder dem Wohlwollen der anderen gerechnet. Unter der Voraussetzung des Idealtypus rein zweckrationalen Handelns, der Einsicht in die gegebenen Zielsetzungen der Akteure sowie der Kenntnis des Ereigniszusammenhanges: *immer, wenn x, dann auch z*, können Berater den Akteuren technische Empfehlungen hinsichtlich des Mitteleinsatzes geben, die stichhaltig sind. Sie können ihnen sagen, was sie tun *sollten*, ohne dass die Berater die vorgefundenen Ziele der Akteure ihrerseits teilen müssten, um ihre Empfehlung abgeben zu können. Denn es gilt: „Nur wo bei einem absolut eindeutig gegebenen Zweck nach dem dafür geeigneten Mittel gefragt wird, handelt es sich um eine wirklich empirisch entscheidbare Frage. Der Satz: x ist das einzige Mittel für y, ist in der Tat die bloße Umkehrung des Satzes: auf x folgt y."[6] Es handelt sich gewissermaßen um ein technologisches Praxisverständnis, um ein triftiges und rationales Handlungsverstehen, das allerdings die Ziele und Zwecke der Akteure so aufgreifen muss, wie sie vorfindlich sind. Ob sie ihrerseits vernünftig oder unvernünftig sind, darüber kann kein wertendes Urteil abgegeben werden.

Ähnlich liegen die Verhältnisse selbst beim Regelverstehen. Verstehen sich die Beobachter auf Regeln, welchen die Akteure folgen, dann führt die erfolgreiche Teilnahme an der Praxis der Handelnden zu der Einsicht, dass die Verstehensoperation rational und äußerst tragfähig ist. Aber das Problem ist das gleiche wie beim technologische Praxisverständnis: Über den Vernunftstatus, über Rationalität und Irrationalität der Regeln lässt sich nichts ausmachen.

Es gibt jedoch eine große Menge von Situationen sowohl im Alltag als auch in den diesen beobachtenden Wissenschaften, wobei es keine so stabilen Einsichten gibt wie bei der Untersuchung zweckrationaler oder zweckirrationaler Handlungen oder wie beim Regelverstehen. Vor kleinen oder größeren Problemen steht jeder Mensch Tag für Tag – und sei es nur, dass die Bundesbahn mal wieder verspätet ist oder „Betriebsstörung" als Fahrziel der U-Bahn angegeben wird. Bei der überwiegenden Mehrzahl der Probleme kann unsereins nur auf halbwegs bewährte Routinen und Rezepte, jedoch nicht auf ein Verfahren oder eine Gesetzmäßigkeit zurückgreifen, welche das Problem endgültig zum Verschwinden bringt. In solchen Fällen hilft nur die von K. R. Popper sog. *trial and error method*, also das Vorgehen nach dem Prinzip von Versuch und Irrtum.[7] Auf den Wegen von Versuch, Irrtum und erneutem Versuch gelingt es vielleicht, das Bezugsproblem *besser*, das heißt erfolgreicher zu bearbeiten, als es zuvor der Fall war. Wenn dies gelingt, dann haben die Versuche einen *Sinn* und können zugleich als *rational* beurteilt werden, obwohl es nicht gelungen ist, das Problem in eine routiniert zu lösende Aufgabe zu verwandeln.

Bei Organisationen wird besonderer Wert auf Rationalität als *Berechenbarkeit* der Maßnahmen und *Effizienz* der internen Abläufe gelegt. Systemisch sinnvolle, sprich: lebenswerte gesamtgesellschaftliche Verhältnisse wären dann gegeben, wenn ein hoher Grad an Freiheit, Gleichheit und Gerechtigkeit, sowie ein sinnvolles Vorgehen und sinnvolle Abläufe auf allen Ebenen garantiert wären. Bestenfalls Annäherungen an diese Idee sind historisch gegeben, das Gegenteil davon ist sehr häufig der Fall. Auf diesem Hintergrund werden in den Sozialwissenschaften bestimmte Charaktermasken als Idealtypus bzw. Modell entworfen.

Homo rationalis und der Nutzenmaximierer

Die Suche nach der „Vernunft im menschlichen Leben" ist ein gar schwieriges Unterfangen.[8] Mit diesem Thema befassen sich im Bereich der Humanwissenschaften nicht zuletzt die verschiedenen Spiel- und Entscheidungstheorien. Im Falle der Spieltheorie geht es – grob gesprochen – um das Spiel und Gegenspiel bei den Interaktionen von Menschen. Alle gewinnen nichts hinzu, wenn sie im Freilichttheater aufstehen, um besser zu sehen (Nullsummenspiel). Die Norm der Zweckrationalität gelangt dabei in Form von Imperativen der strategischen Klugheit ins Theoriespiel. Entscheidungstheorien sind darum bemüht – unter den Rahmenbedingungen (*conditions*) der Situation sowie der Zwänge (*constraints*), denen die Akteure ausgesetzt sind – erkennbare Optionen sowie ihnen zugängige Mittel zu *wählen*, um die Verwirklichung ihrer Neigungen und Ziele zu erreichen. Sie entscheiden sich für eine bestimmte Strategie des Vorgehens. So gesehen ließe sich der Begriff *rational choice theories* als zusammenfassender Ausdruck für die Gesamtheit der Spiel- und Entscheidungstheorien verwenden. Die *rationalen* Wahlhandlungen sind gleich *zweckrationalen* Handlungen. Die Norm der Zweckrationalität bildet mithin das oberste Prinzip der Rationalitätsvorstellungen. An dieser Stelle betritt dann oftmals der Nutzenmaximierer der Nationalökonomen die Bühne. Exemplarische Aussagen wie die folgenden sollen seinen Lebensstil und sein Rollenverhalten beschreiben: Für die Theorien rationaler Wahlhandlungen ist charakteristisch, „dass der Akteur sich Handlungsmöglichkeiten, Opportunitäten bzw. Restriktionen ausgesetzt sieht; dass er aus Alternativen seine Selektionen vornehmen kann; dass er *immer* eine ‚Wahl' hat; dass diese Selektionen über Erwartungen (*expectations*) einerseits und Bewertungen (*evaluations*) andererseits gesteuert sind; und dass die Selektion des Handelns aus den Alternativen der Regel der Maximierung folgt. Diese Regel ist explizit und präzise und anthropologisch gut begründet."[9] Die These, der Mensch sei von seinem anthropologischen Hause aus ein Nutzenmaximierer und konsequenter Effizienzoptimierer, also schon seit Urzeiten grundsätzlich als wenn auch nicht diplomierter Betriebswirt auf die Welt gekommen, überdies sei diese Ansicht „anthropologisch gut begründet", kann ich nur als verblüffend bezeichnen. Sie ist von den verschiedensten Seiten kritisiert und ironisiert worden. So z. B. schon auf seine Weise von F. Nietzsche, der die Engländer für den Prototyp der Nutzenmaximierer hält, obwohl er Frau Thatcher noch nicht kennen konnte. Andere halten dagegen: Als „anthropologisch gut begründet" kann wohl auf jeden Fall der empirische Befund angesehen werden, dass es in der gesellschaftlichen Wirklichkeit zahllose Menschen gibt, die ihren Nutzen nicht „maximieren" (können), sondern sehen (müssen), wie sie gerade so durchkommen. „Gesellschaft ist ein notwendiger Interaktionszusammenhang von Akteuren, die ihr eigenes Wohlergehen optimieren wollen." Aber wollen ihre Mitglieder wirklich immer das Wohlergehen optimieren? Empirisch bestimmt nicht. Deswegen schwächt der nämliche Autor seine Formulierung deutlich ab. „Mit der Produktion von Nutzen – man kann auch sagen: mit dem *Streben nach Verbesserung der Lebenssituation* – sind auch Aufwendungen verbunden."[10] Zweifellos. Aber eine *Verbesserung* der Lebenssituation ist nicht notwendigerweise mit dem Erreichen des *Maximums* gleichzusetzen. Der Komparativ, nicht der Superlativ ist am Platz! Auch die Verbindung zur Rationalität individuellen Handelns wird gelegentlich entspannter festgelegt: „Rational zu handeln, bedeutet, so viel Gutes für sich zu bewirken, wie man kann."[11] Was Gutes muss nicht zwangsläufig das Beste sein. Wer aber wollte leugnen, dass die Individuen tatsächlich ein Interesse daran haben, dass es ihnen gut, womöglich sogar besser selbst dann geht, wenn sie nicht die geringsten Aussichten auf ein Nutzenmaximum haben? Jedenfalls erscheint dies als ein wesentlicher Punkt, wenn man auf das Gütekriterium der Strukturisomorphie von abstrakten Modellen mit empirischen Gegebenheiten achtet.[12]

Gleichwohl spricht auch Jon Elster vom „erste(n) Optimierungserfordernis", das da lautet: Die Handlung muss das beste Mittel verkörpern, um das Begehren des Akteurs zu befriedigen, seine Auffassungen hinsichtlich der zur Verfügung stehenden Optionen und ihrer Konsequenzen vorausgesetzt. Anderenfalls kann man in der Tat keine höhere Mathematik anwenden. Dabei gilt: „Das Beste ist dasjenige, wobei es im Vergleich damit nach dem Urteil des Akteurs nichts Besseres gibt."[13] Aber heißt das: Die Situationsdeutung der Akteure läuft darauf hinaus, dass es im Moment *nichts Besseres* gibt! Nach Ansicht der Handelnden steht dann diese Option in der Präferenzordnung weiter oben als vergleichbare andere, ohne dass das Maximum erwartet wird. Bei der Maximierungsregel könnte es sich allerdings um eine Idealisierung handeln und zugespitzte kontrafaktische Annahmen sind in sämtlichen Wissenschaften üblich. Die Frage ist nur, sind sie zur Gewinnung vertiefter Einsichten in die Gegebenheiten tauglich oder nicht? Selbst einige Vertreterinnen und Vertreter der Spiel- und Entscheidungstheorie selbst halten sie für pragmatisch untauglich und schlagen daher vor, statt der Maximierungsregel dem Prinzip des *satisficing* größere Aufmerksamkeit zu schenken. Elster schreibt an einer Stelle zurückhaltender als anderswo, „rational zu Handeln bedeutet, für das eigenen Wohlbefinden so gut wie man kann, zu sorgen."[14] So gut wie man kann! Dieses Ziel kann weit unterhalb des Maximums liegen. In unklaren Entscheidungssituationen muss demnach auf andere Strategien als die von der Maximierungsregel vorgeschriebenen zurückgegriffen werden und „dies könnte das Prinzip des ‚satisficing', der Wahl von etwas, das gut genug ist, sein."[15] Dann geht es letztlich darum, so glücklich wie möglich zu werden.

Der *Altruismus* liegt ebenfalls jenseits der Maximierungsregel. Bestritten wird, dass die Menschen überall und jederzeit durch nichts als das Eigeninteresse angetrieben werden, weil jeder nach dem persönlichen Glück, nach der Realisierung der eigenen Interessen, letztlich nach dem Maximum des Nutzens strebt. Diese radikale These wird gelegentlich auch von Elster nachdrücklich zurückgewiesen.[16] Empirisch gibt es eine Menge von Handlungen, wobei jemand aus Mitgefühl für andere „selbstlos", oftmals ohne jede Gegenleistung handelt. „Lasst uns in erster Annäherung *eine altruistische Motivation* als den Wunsch verstehen, das Wohlbefinden anderer zu fördern, selbst bei einem Nettoverlust von Wohlbefinden bei einem selbst. Ein altruistischer Akt soll in einer Handlung bestehen, wofür eine altruistische Motivation einen hinreichenden Grund liefert."[17] Der zweite Satzteil klingt nach einer Tautologie. Genuiner Altruismus stellt eine Variante *anerkennender Interaktionen* dar und *Anerkennung* verkörpert nicht nur nach der Lehre von Kant und Fichte ein *objektives Interesse* der Menschheit, das über die Maximierungsregel des Nutzens hinausweist. Ähnlich verhält es sich mit Mustern der Kooperation. Kooperieren Menschen nur, wenn ihnen die Zusammenarbeit statt der Einzelaktion Vorteile, gesteigerten Nutzen verspricht? Ansonsten nutzen sie jede Chance als *free rider* zu reiten; es sei denn, die Strafen für gezielte Abweichungen sind zu bedrohlich? Können also rationale Egoisten überhaupt kooperieren? (D. R. Hofstadter). Ja, so lautet die konsequent utilitaristische Antwort. Zusammenarbeit gibt es dann, wenn die Kooperation allen Beteiligten hinlängliche „Auszahlungen" verspricht. Altruismus wird also nur in dem Falle geübt und Kooperationsbereitschaft nur dann bewiesen, weil und wenn man sich davon einen Vorteil bzw. gesteigerten Nutzen wie z. B. die Steigerung des Ansehens in einer Gruppe für einen selbst bedeutsamer anderer Personen verspricht. J. Searle präsentiert eine andere Erläuterung. Er versteht Kooperation als gezieltes Zusammenspiel: „Sinnfällige Beispiele liefern die Fälle, wo *Ich* etwas nur als Teil *unseres* Tuns tue."[18] Wenn ein Geiger vor der Aufführung einer Symphonie in seiner Garderobe übt, dann vollzieht er eine individuelle Handlung. Wenn er dann im Saal konzertiert, dann nimmt er an einer *kollektiven* Aktion teil und spielt bewusst seine Rolle im Orchester im Doppelsinn. Das ist evident.

Zur Kritik der instrumentellen Vernunft

Im Anschluss an M. Horkheimers Buch „Zur Kritik der instrumentellen Vernunft" lassen sich drei elementare Typen der Rationalitätsnorm unterscheiden: *Subjektive Vernunft, instrumentelle Vernunft* und *objektive Vernunft.*[19] Obwohl Horkheimer selbst keine genau in diese Richtung gehende Einteilung vorgeschlagen hat, weist sein Begriff der „subjektiven Vernunft" eine Doppelbedeutung auf: Zum einen wird er mit *Zweckrationalität* gleichgesetzt. Deren Maxime besteht in der gelingenden Zuordnung von Mittel zu Zwecken unter den Rahmenbedingungen der jeweiligen Situation sowie je nach dem Kenntnisstand der Handelnden. Dahinter steht in letzter Instanz das Prinzip der Selbsterhaltung durch individuelle Arbeit und kollektive Produktion. „Erfolgsorientiertes Handeln" (J. Habermas) dieser Art ist lebensnotwendig! Zum anderen zielt Horkheimers Kritik auf die *Verkehrung* von Zweckrationalität in instrumentelle Vernunft. Zu deren Problematik gehört (a) die Ansicht, „dass vernünftige Dinge offensichtlich (nichts als – J. R.) nützliche Dinge sind und dass jeder vernünftige Mensch imstande sein soll, zu entscheiden, was ihm nützt."[20] (b) Eine weitere Eigenschaft stellt der verständige Formalismus und die Rechenhaftigkeit des Denkens dar. „Aber die Kraft, die letztlich vernünftige Handlungen ermöglicht, ist die Fähigkeit der Klassifikation, des Schließens und der Deduktion, ganz gleich worin der besondere Inhalt besteht – das abstrakte Funktionieren des Denkmechanismus."[21] (c) Das entscheidende Merkmal der zur instrumentellen verkehrten Vernunft besteht jedoch in der Auffassung, dass die Ziele und Zwecke des zweckrationalen und kalkulatorischen Vorgehens nicht rational begründbar sind. Die Akteure müssen sich für Ziele entscheiden oder an sie glauben. Die Beobachter können die wirksamen Maximen der Handelnden nur als gegeben aufgreifen und die Aktionen dann technisch-rational erklären oder als technisch rational bewerten (s. o.). Zum Beispiel „der Gedanke, dass ein Ziel um seiner selbst willen vernünftig sein kann ... ohne auf irgendeine Art subjektiven Gewinnes oder Vorteils sich zu beziehen, ist der subjektiven Vernunft zutiefst fremd, selbst wo sie sich über die Rücksicht auf unmittelbar nützliche Werte erhebt und sich Reflexionen über die Gesellschaftsordnung betrachtet als ein Ganzes erhebt."[22]

Im Zuge einer Annäherung an die weniger idealen, entschieden profaneren gesellschaftlichen Realitäten des *homo oeconomicus* wird sogar von einigen Spiel- und Entscheidungstheoretikern eine Art Kritik der instrumentellen Vernunft mobilisiert (s. u.). So heißt es beispielsweise bei H. Simon genau wie bei M. Horkheimer: „Während die Vernunft uns also sehr gut helfen kann, Mittel zur Erreichung unserer Ziele zu finden, kann sie über die Ziele selbst wenig aussagen."[23] Horkheimers Begriff der *objektiven* Vernunft ist schwierig. In dessen Zentrum steht die Annahme, dass „Vernunft ein der Wirklichkeit innewohnendes Prinzip ist" und nicht bloß „ein subjektives Vermögen des Geistes."[24] Die objektive Vernunft verweist einerseits auf ein universelles, alle Menschen verpflichtendes Vernunftinteresse wie es im Anerkennungskonzept aufgehoben ist. Andererseits wirft es die

Frage auf, ob und wie viel Spuren der als objektiv begriffenen Vernunft es nicht nur in den Köpfen der Individuen, sondern in den Strukturen und Prozessen, also in den „objektiven" Verhältnissen und das heißt nun: in den wirklichen und wirksamen historischen Gesellschaften tatsächlich vorhanden sind oder nicht? Davon hängt das „Glück" der Menschen im gleichen Ausmaß ab, wie von der Erfüllung ihrer legitimen Neigungen. Horkheimer setzt sich in seiner Schrift auch kritisch mit der Philosophie des amerikanischen Pragmatismus auseinander, die Person grundsätzlich vor das Problem gestellt sieht, mit Problemen irgendwie fertig zu werden. Horkheimer reduziert dieses Denken jedoch auf die These: „Der Kern dieser Philosophie ist die Meinung, dass eine Idee, ein Begriff oder eine Theorie nichts als ein Schema oder Plan zum Handeln ist, und deshalb ist Wahrheit nichts als der Erfolg der Idee."[25] Nach meiner Auffassung wird diese Ansicht der Produktivität der Problemtheorie von Autoren wie Dewey, Pierce oder vor allem G. H. Mead nicht gerecht. Dort nämlich findet sich eine Rationalitätsvorstellung, die natürlich auch nicht auf den Begriff der Wahrheit als Zutreffen einer Aussage auf Sachverhalte verzichten kann, wohl aber eine Rationalitätsvorstellung impliziert, welche sowohl für das Alltagshandeln als auch für Bewertungen vom Standpunkt des Beobachters aus höchst bedeutsam ist. Sie gründet in problemtheoretischen Überlegungen. Es gibt bekanntlich eine unüberschaubare Fülle einzelner Probleme in den verschiedensten Lebensbereichen: Theoretische und praktische, technische und moralische, zwischenmenschliche, Probleme mit Behörden und Verwaltungen, Krisen des gesamten gesellschaftlichen Lebenszusammenhangs der Menschen. Die Intensität der Probleme kann von der kleinen Schwierigkeit bis hin zu einer die Existenz breiter Massen vernichtender Wirtschafts- und Finanzwirtschaftskrise reichen. Wesentliche Organisationen und Institutionen des Gesamtsystems können zusammenbrechen.

Die Maßnahmen, womit ein Problem angegangen wird, können dann als *rational* beurteilt werden, wenn sie dazu beitragen, dass die Akteure besser mit dem Problem zurechtkommen als bisher. Der erfolgreichere Einsatz von Mitteln für das Ziel der Problembewältigung bezeichnet jedoch nur einen Teil des rationalen Vorgehens in einer bestehenden Problemsituation. Die Schärfung des Problembewusstseins, die klarere Einsicht in Möglichkeiten oder Unmöglichkeiten des Vorgehens, die Steigerung eigener Fähigkeiten etc. steigern zugleich die Rationalität der Aktionen. Oftmals sind nicht einmal Routinen und Rezepte zugängig, geschweige denn Kenntnisse von Regelmäßigkeiten, die beim Umgang mit dem Problem entscheidend helfen könnten. Es ist dabei durchaus rational – wie auch K. R. Popper argumentiert –, nach dem Prinzip von Versuch und Irrtum vorzugehen. Der Weg in die verschiedensten Sackgassen ist dabei nicht besonders selten. Die *Verbesserung* von Mustern bisheriger Problembearbeitung liefert also ein Indiz für rationales Vorgehen, bedeutet aber in zahllosen Fällen keineswegs das Maximum der Problembearbeitung. Ein Ausdruck höchster Rationalität liegt gleichwohl vor, wenn es gelingt, das jeweilige *Problem* in eine *Aufgabe* zu verwandeln. Das heißt: Es werden Wege (Methoden) gefunden, das Problem ganz um Verschwinden zu bringen oder über einen garantierten Lösungsweg zu verfügen, wenn es sich immer wieder als Aufgabe stellt. Das ließe sich ebenfalls als ein Ausdruck „objektiver" Vernunft verstehen, weil eine jede Person dann auf ein intersubjektiv verbindliches Verfahren zurückgreifen kann, wodurch sie mit dem Problem fertig wird. „Eine gewisse optimistische oder vermeintlich optimistische Annahme besagt, dass wir alle unsere Probleme lösen können, wenn wir nur angestrengt nachdenken und vernünftig genug sind."[26] Das ist natürlich eine Illusion bzw. als Aussage über faktische Aktionen von Menschen schlicht und einfach falsch. Denn rational ist eine Handlung auch dann, wenn es gelingt, ein Problem individuell oder kollektiv erfolgreicher zu behandeln als zuvor. Allerdings kann eine erfolgreiche Problembearbeitung gelegentlich auch ungeplanten Nebenfolgen mit sich bringen. In einigen Fällen handelt es sich dabei um einen „glücklichen Zufall", aber normalerweise erlebt unsereins eine „böse Überraschung", die rückwirkend problemverschärfend wirken kann. Trotz all der bösen Überraschungen gilt in der Tat: „Keine Gesellschaft könnte funktionieren, wenn die Pläne aller ständig durchkreuzt würden. Die universelle Frustration der Pläne würde das Chaos bedeuten."[27] Dabei muss es immer auch ein Stück „Gleichgewicht" geben. Elster definiert Erscheinungsformen von gesellschaftlichem Gleichgewicht als einen Zustand, „in dem die Pläne der Leute miteinander konsistent sind."[28] Manchmal heißt es auch – dem ähnlich – ein Gleichgewicht der Interaktionen bestünde, wenn es für niemanden einen Grund gibt, seine Pläne zu ändern.

Theorien rationaler Wahlhandlungen und Entscheidungen bedeuten im Kern Theorien der *subjektiven Vernunft*. „Theorien rationaler Wahlhandlungen möchten das Verhalten unter der bloßen Voraussetzung erklären, dass Akteure rational sind" – und „rational" bedeutet in diesem Falle so viel wie „zweckrational".[29] Immer wieder wird die Maximierungsregel eingepasst. „Wenn die Leute mit verschiedenen Kursbestimmungen beim Handeln konfrontiert sind, dann machen sie gewöhnlich das, wovon sie annehmen, es führe zum besten umfassenden Ergebnis. Dieser an der Oberfläche täuschend einfache Satz fasst die Theorie rationaler Wahlhandlungen zusammen."[30] Elster nennt „drei Optimierungserfordernisse" als Bestandteile jener Grundvoraussetzung der Theorien rationaler Wahlhandlungen. Sie beziehen sich auf elementare Eigenschaften individuellen Handelns. Das sind: Das Begehren (Präferenzen), Anschauungen (Situationsdeutungen) sowie Wissensbestände (Informationen bzw. der Informationsgrad des Akteurs). Die konkrete Handlung stellt eine Funktion des Zusammenspiels dieser Komponenten dar. Das heißt: „Die Handlung muss optimal sein, die Anschauungen gegeben. Diese müssen so gut wie möglich durch die gegebenen Belege gestützt sein. Diese Belege wiederum müssen das Ergebnis eines optimalen Aufwandes bei der Informationssammlung sein."[31] Optimal ist die Handlung insgesamt also dann, wenn sie sich als das *beste* Mittel und der beste Weg erweist, um die Bedürfnisse (das Begehren) des Handelnden zu befriedigen

– die Auffassungen und Kenntnisse des Akteurs hinsichtlich der offenstehenden Optionen und ihrer Konsequenzen gegeben. Das Optimum wird in diesem Falle offensichtlich vom Aktorstandpunkt aus definiert. Vom Beobachterstandpunkt aus geht es um die *objektiv* (faktisch) optimale Zweck-Mittel-Koordination im Lichte der Idee uneingeschränkter Zweckrationalität. Gemessen daran, mag dann gelten: Besser geht es nach allem gegenwärtigen Wissenstand im Moment dann wirklich nicht.

Irrationales Rollenverhalten

H. Simon, prominenter Vertreter der Spiel- und Entscheidungstheorie, meldet einige Vorbehalte gegen den *homo oeconomicus* als den Modellathleten der neoklassischen Nationalökonomie sowie gegen dessen Rollenspiel als Nutzenmaximierer an. Der *homo oeconomicus* verfügt über den totalen Durchblick bei seinen Wahlhandlungen auf dem Markt. Die neo-klassische Wirtschaftstheorie geht zudem davon aus, die Akteure hätten die ganze Skala der verschiedenen Möglichkeiten, die ihnen offenstehen, vor Augen; nicht nur für diesen einen Moment, sondern für alle Zukunft. Sie sind sich über die Folgen im Klaren, die jeder dieser möglichen Entscheidungen und Strategie hat. Ihnen sind sie zumindest insoweit klar, dass sie den zukünftigen Zuständen der Welt eine gemeinsame Wahrscheinlichkeitsverteilung zuweisen können. Der Handelnde „hat alle seine widersprüchlichen Teilwerte miteinander in Einklang gebracht und sie zu einer einzigen Nutzenfunktion verschmolzen, die alle diese zukünftigen Zustände der Welt nach seiner Präferenz ordnet.“[32] Eine Art Selbstkritik der instrumentellen Vernunft zeichnet sich auch dann ab, wenn in der Spiel- und Entscheidungstheorie der genuine Altruismus *nicht* als verkappte Strategie des Nutzenstrebens interpretiert wird. Zudem sieht Simon (in diesem Falle auch Elster) keineswegs über die Irrationalitäten hinweg, die Interaktionen in den verschiedensten Lebensbereichen der Menschen kennzeichnen. Es gibt zahllose Beispiele dafür, dass und wie die (Zweck-)Rationalität versagt.[33] „Irrationales Verhalten kann auch von irrationalen Auffassungen herrühren. Am offensichtlichsten ist, dass Anschauungen von den Leidenschaften verkehrt werden können, denen sie eigentlich dienen sollen.“[34] M. Webers Einteilung menschlichen Handelns kann als ein Rationalitätsgefälle gelesen werden, das vom reinen Idealtypus zweckrationalen Handelns als klarste Erscheinungsform von Vernunft ausgehend über den des wertrationalen und traditionalen Handelns bis zum „affektuellen Handeln“ führt. Letzteres steht an der Schwelle zur Irrationalität „Aktuelle Affekte (Angst, Zorn, Ehrgeiz, Neid, Eifersucht, Liebe, Begeisterung, Stolz, Rachedurst, Pietät, Hingabe, Begierden aller Art) und die (vom rationalen Zweckkandeln aus angesehenen) irrationalen aus ihnen folgenden Reaktionen“ vermögen wir „sinnhaft einfühlend zu verstehen.“[35] „Affekte“ verstehen sich eigentlich als entweder unbedacht oder bedenkenlos „aus dem Augenblick heraus“ geschehende Handlungen hinter denen Leidenschaften stehen. Doch wieso sollen z. B. spontane Hilfsbereitschaft, die Wahrnehmung der vom *kairos* begünstigten Gelegenheit, spontane Zuneigung etc. irrational sein? Bei der Wahrheitssuche ist „Leidenschaft" zweifellos sehr zweckdienlich. Wieso sollten – wie es manchmal erscheint – sämtliche Gefühle *per definitionem* als „irrational" zu qualifizieren sein? Liebe, Nächstenliebe oder Altruismus gehörten nun wahrlich nicht in die Liste der Irrationalität provozierenden Affekte. „Eine Verhaltenstheorie der Rationalität, die den Fokus der Aufmerksamkeit als eine wesentliche Determinante von Entscheidungen behandelt, trennt weder das Gefühl vom menschlichen Denken, noch unterschätzt es in irgendeiner Weise die machtvollen Auswirkungen von Gefühlen auf die Zielsetzung der menschlichen Problembewältigung."[36] Ein jeder denkende Mensch kann sich wohl an die angenehmen Gefühle erinnern, welche die Lösung eines Problems – und sei es nur das eines Kreuzworträtsels – bei einem ausgelöst hat. Eine selbstkritische Verhaltenstheorie der Rationalität distanziert sich schließlich von der „libertäre(n) Illusion, Individuen seien eine Art Leibniz'scher Monaden, kleine harte Kugeln, jeder mit einer gleichbleiben, von den anderen Monaden unabhängigen, nützlichen Funktion und mit den anderen nur durch die Kenntnisse der Marktpreise verkehrend."[37]

Kapitel 7

Historische Sozialcharaktere in der bürgerlichen Gesellschaft: einige ausgewählte Beispiele[1]

Societas Civilis

Diese lateinische Vokabel wird normalerweise mit „bürgerliche Gesellschaft" übersetzt und auf die kapitalistische Gesellschaft der Neuzeit angewandt. Das kann zu erheblichen Missverständnissen führen, so dass womöglich gar eine Gleichsetzung mit der „Zivilgesellschaft" stattfindet. Aber in der römischen Antike wurde unter *societas* eine Gemeinschaft oder Verbindung von Menschen in einem politisch-gesellschaftlichen Verbund überhaupt verstanden. Von ähnlicher Bedeutung ist *res publica*, was wortwörtlich übersetzt „öffentliche Sache oder Angelegenheit" bedeutet. Heutzutage liest sich „Republik" als ein Ausdruck für eine Staatsform, die sich z. B. von einer Diktatur oder Autokratie nicht zuletzt durch garantierte Teilnahmechancen und -rechte der Staatsbürger an der politischen Willensbildung unterscheidet und damit nahe an den Begriff der Demokratie als Staatsform heranrückt. „Deshalb, da das Gesetz das Band bürgerlicher Gemeinschaft (= *societas civilis* im Original) ist, Recht aber die Gleichheit des Gesetzes, mit welchem Rechte kann die Gemeinschaft der Bürger (*societas civium*) behauptet werden, wo die Bedingung der Bürger (*cives*) nicht gleich ist? ... Was ist denn der Staat (*civitas*), wenn nicht eine Rechtsgemeinschaft der Bürger (*civium*)?[2] Bei Kant heißt es später: „Ein Staat (civitas) ist die Vereinigung einer Menge von Menschen unter Rechtsgesetzen", wobei er zugleich auf die Lehre von der Gewaltenteilung zurückgreift. *Cives* bedeutet bei Cicero und anderen mithin ganz allgemein ein Mitglied einer politischen Vergemeinschaftung und Vergesellschaftung. Später findet dann der einschränkende Bezug auf den „Bürger" des europäischen Mittelalters und der beginnenden Neuzeit statt. Gemeint waren zunächst die Bewohner eines befestigten Ortes oder einer Stadt. Aber der *bourgeois* der Neuzeit tritt alsdann als ein bestimmter *Sozialcharakter* bzw. als eine bestimmte *Charaktermaske* in der „bürgerlichen Gesellschaft" auf die Bühne, die nun jedoch als kapitalistische Gesellschaft der Neuzeit zu verstehen ist. Personen in diesem Gesellschaftstypus werden mit sich im Verlauf der Zeiten teilweise einschneidend ändernden Erwartungen an ihr Denken und Handeln konfrontiert, denen gemäß sie ihre charakterprägenden gesellschaftliche Rollen bzw. Funktionen ausüben sollen. Diese unterliegen dann ebenfalls einem radikalen Wandel.

Auf Eigenheiten der bürgerlichen Gesellschaft der Moderne zielen die berühmten §§ 182–256 von Hegels „Rechtsphilosophie".[3] Darin werden der *societas civilis* Merkmale zugeschrieben, welche ihre historische Ausprägung als Kapitalismus bestimmen, Merkmale, die bei allen seitdem stattgefundenen Veränderungen ihre Bedeutung behalten haben. Das beginnt mit Personen, welche sich ein „besonderer Zweck" sind, also primär vom Eigeninteresse, vom „selbstsüchtige(n) Zweck" bewegt werden. Sie bilden „das *eine Prinzip* der bürgerlichen Gesellschaft" (§§182/183). „Die Individuen sind als Bürger dieses Staates *Privatpersonen*, welche ihr eigenes Interesse zu ihrem Zwecke haben" (§187). Ebenso zahlreiche wie verschiedenartige Bedürfnisse bestimmen den bestimmten Inhalt der Zwecksetzungen der Einzelnen, die sich die Mittel für den Lebensunterhalt in ihrer großen Mehrheit durch Arbeit beschaffen müssen (§188 und §196). Damit kommt es zu einem „System der Bedürfnisse", worin die Arbeit der einzelnen Person (in Zusammenarbeit mit anderen) sowie ihre Ergebnisse von der Arbeit zahlloser anderer immer abhängiger wird. Die Privatarbeit der Einzelnen findet von daher immer schon als gesellschaftliche Arbeit statt. Durch die wechselseitige Abhängigkeit der Individuen voneinander erweisen sich die *individuellen* Bedürfnisse letztendlich ebenfalls als *gesellschaftliche* Bedürfnisse (§192).

Die Bedürfnisse vervielfältigen sich und damit auch die Mittel zu ihrer Befriedigung (§191). Zudem werden sie durch Partikularisierung immer abstrakter (verlieren sie ihren vorhergehenden Reichtum an Bestimmungen). Die Formierung durch Arbeit verleiht dem „Mittel den Wert und seine Zweckmäßigkeit", seinen Arbeitswert, Tauschwert und Gebrauchswert (§196). Dabei kommt es zu einer „*Abstraktion*, welche die Spezifizierung der Mittel und Bedürfnisse bewirkt, damit ebenso die Produktion spezifiziert und die *Teilung der Arbeiten* hervorbringt." In der „Jenaer Realphilosophie" Hegels heißt es im Hinblick auf die Ergebnisse der arbeitsteiligen Zwecktätigkeiten: „Zwischen den vielerlei abstrakten Bearbeiteten muss nun eine *Bewegung stattfinden*, wodurch sie wieder zum *konkreten* Bedürfnisse werden, d. h. zum Bedürfnis eines Einzelnen ..." Die Gleichheit und die Vergleichbarkeit des Bearbeiteten kommen in ihrem Wert zum Ausdruck. „In diesem sind sie dasselbe. Dieser Wert selbst als Ding ist das *Geld*. Die Rückkehr zur Konkretion, dem Besitz, ist der *Tausch*."[4] Die Arbeit wird ebenfalls „abstraktifiziert", auf je spezifische Verrichtungen zurückgeschraubt. Gleichzeitig „vervollständigt diese Abstraktion der Geschicklichkeit und des Mittels die *Abhängigkeit* und die *Wechselbeziehung* der Menschen für die Befriedigung der übrigen Bedürfnisse zur gänzlichen Notwendigkeit. Die Abstraktion des Produzierens macht das Arbeiten ferner immer mehr *mechanisch* und damit am Ende fähig, dass der Mensch davon wegtreten und an seine Stelle die *Maschine* eintreten lassen kann" (§198). Hegel teilt ein Stück weit A Smith' berühmte These, die konsequente Verfolgung des Eigeninteresses schlage gleichwohl durch das Wirken einer unsichtbaren Hand – der Markt wird's schon richten – zum Vorteil aller um. „In dieser Abhängigkeit und Gegenseitigkeit der Arbeit und der Befriedigung der Bedürfnisse schlägt die *subjektive Selbstsucht* in den Beitrag zur *Befriedigung der Bedürfnisse aller anderen* um" (§199). Die Ungleichheit des Anteils der Einzelnen am allgemeinen Vermögen, der einerseits durch das *Kapital* „als eine unmittelbare eigene Grundlage, teils durch die Geschicklichkeit, welche ihrerseits selbst wieder durch jenes (= das Kapital – J. R.), dann aber durch die zufälligen Umstände bedingt ist", kommt in der *„Ungleichheit des Vermögens* und der *Geschicklichkeit* der Individuen" zum Vorschein (§ 200). Hegel hatte in diesem Zusammenhang die materielle Verelendung breiter Massen zu seiner Zeit vor Augen: „Das Herabsinken einer großen Masse und das Maß einer gewissen Subsistenzweise … bringt die Erzeugung des *Pöbels* hervor, die hinwiederum zugleich die größere Leichtigkeit, unverhältnismäßige Reichtümer in wenige Hände zu konzentrieren, mit sich führt" (§ 244). Von einer Apologie der bürgerlichen Ordnung kann bei ihm offensichtlich nicht die Rede sein.

Die bürgerliche Gesellschaft ist auf Wachstum ausgerichtet: „Wenn die bürgerliche Gesellschaft sich in ungehinderter Wirksamkeit befindet, so ist sie innerhalb ihrer selbst in *fortschreitender Bevölkerung und Industrie* begriffen" (§ 243). Ein entscheidendes Medium der Expansion – wenn man so will: der Globalisierung – der bürgerlichen Gesellschaft als Wirtschaftssystem besteht zu seiner Zeit im unmittelbaren Kolonialismus, in der *„Kolonisation,* zu welcher – einer sporadischen oder systematischen – die ausgebildete bürgerliche Gesellschaft getrieben wird …" (§ 248). Die *societas civilis* erfährt dabei die historische Bestimmtheit des kapitalistischen Weltsystems. Der Merkmalskatalog Hegels spiegelt sich ein Stück weit auch in vielfältigen späteren Vorschlägen wird, den Begriff des „Kapitalismus" zu definieren. Gerade im Angesicht eines sich abschleifenden Sprachgebrauchs wäre dabei an die Differenziertheit des Kapitalbegriffs etwa in Marx' Vortrag über „Lohnarbeit und Kapital" zu erinnern.[5]

Kapital 1: Für die Klassiker der politischen Ökonomie ebenso wie für die hegemoniale neo-klassische Volkswirtschaftslehre der Gegenwart gilt: „Das Kapital besteht aus Rohstoffen, Arbeitsinstrumenten und Lebensmitteln aller Art, die verwandt werden, um neue Rohstoffe, neue Arbeitsinstrumente und neue Lebensmittel zu erzeugen. Alle diese seine Bestandteile sind Geschöpfe der Arbeit, *aufgehäufte Arbeit,* die als zu neuer Produktion dient, ist Kapital."[6] Maschinen – Rechner heutzutage natürlich eingeschlossen – bilden im Kapitalismus das entscheidende Arbeitsinstrument. Auch wenn inzwischen Geräte die gleichen oder andere Geräte produzieren, ist menschliche Arbeit – und nicht allein der Bedienung und Wartung wegen – weiterhin im Spiel. Facharbeiter fehlen.

Kapital 2: Die Arbeitsmittel, *Produktionsmittel,* sind nicht von Hause aus Kapital. „Eine Baumwollspinnmaschine ist eine Maschine zum Baumwollspinnen. Nur in bestimmten Verhältnissen wird sie zu *Kapital.* Aus diesen Verhältnissen herausgerissen, ist sie so wenig Kapital, wie Gold an und für sich *Geld* oder der Zucker der Zuckerpreis ist."[7]

Kapital 3: Es ist in der Alltagswelt des Kapitalismus üblich, unter „Kapital" ein monetäres Vermögen, eine bestimmte Summe an Geldmitteln zu verstehen. Dieses soll nach verbreitetem Verständnis nicht unter der Matratze liegen, sondern es soll „arbeiten", sich vermehren. Da arbeitet plötzlich das Kapital und nicht die

Arbeitenden. Es erfordert ganz schön viel Arbeit und Tricks, um eine solche Vermehrung zustande zu bringen.

Kapital 4: Produktionsverhältnisse bedeuten die Ausprägung historisch veränderlicher gesellschaftlicher Verhältnisse „worin die Individuen produzieren ... Auch das *Kapital* ist ein gesellschaftliches Produktionsverhältnis. *Es ist ein bürgerliches Produktionsverhältnis*, ein Produktionsverhältnis der bürgerlichen Gesellschaft."[8] Die Kernstruktur dieses Produktionsverhältnisses bildet die Klassenrelation von Lohnarbeit und Kapital, Lohnarbeitern und Kapitalisten (CEOS eingeschlossen). Heute ist beschwichtigend von „Arbeitnehmern und Arbeitgebern" die Rede. Das Kapital stellt also kein Ding dar, sondern erweist sich so gesehen als ein epochenprägender Typus sozialer Beziehungen – so wie die Beziehungen zwischen Landbesitzern und der Masse der vorwiegend in der Landwirtschaft tätigen, oftmals hörigen Bauernbevölkerung ein entscheidendes Charakteristikum der Feudalgesellschaft darstellte. In Sklavengesellschaften sieht das im Kern wieder anders aus. Dass die innere Differenzierung einer Gesellschaft durch solcherart dichotomisierte Klassenverhältnisse nicht hinlänglich beschrieben wird, versteht sich von selbst. Aber gibt es nicht im modernen Kapitalismus eine bunte Mannigfaltigkeit von kleinen, großen und riesigen Betrieben, worin ganz verschieden qualifizierte Menschen ganz verschiedene Zwecktätigkeiten im Prozess der Erzeugung von ganz verschiedenen Produkten bzw. der Erbringung von Dienstleistungen verrichten? Organisieren sich die Verhältnisse – von „Einmannbetrieben" und Scheinselbständigen abgesehen – dabei nicht in all diesen Betrieben gemäß einer bestimmten Ausprägung des Verhältnisses von „Arbeitgebern und Arbeitnehmern"?

Kapital 5: „Das Kapital besteht nicht nur aus Lebensmitteln, Arbeitsinstrumenten und Rohstoffen, nicht nur aus materiellen Produkten; es besteht ebensosehr aus *Tauschwerten*. Alle Produkte, woraus es besteht, sind *Waren*. Das Kapital ist also nicht nur eine Summe von materiellen Produkten, es ist eine Summe von Waren, von Tauschwerten, *von gesellschaftlichen Größen*."[9]

Kapital 6: „Das Kapital" bedeutet letztendlich einen *Prozess*, einen expandierenden, stagnierenden oder aufgrund von Krisen schrumpfenden Kreislauf. Dieser geht von „der Produktion" (als zusammenfassender Ausdruck für die Gesamtheit der Betriebe) aus, verläuft über den Transport (die Lieferung von Produkt oder Dienstleistung vor Ort) zum Verkauf der Waren im ersehnten Fall bei gleichzeitiger Realisierung des über die Gestehungskosten hinausgehenden Mehrwerts (Surplus, Gewinn). Alsdann – (vom Konsum, der aus dem Kreislauf herausfällt, abgesehen) – geht es weiter zur Sphäre der Reinvestition, wo der erzielte Gewinn, wenn's gut läuft (mit der Unterstützung durch Banken, Versicherungen, Rechtsanwälten u.am.) mit dem Ziel der Umsatz- oder gar Betriebserweiterung (Akkumulation, Wachstum) zum Kauf von Arbeitskräften und Betriebsmitteln eingesetzt (reinvestiert) wird. Im zweiten Band des „Kapital" beschreibt Marx den Kapitalkreislauf und dessen Teilkreisläufe im Detail.

Oftmals wird auch auf M. Webers Katalog von Merkmalsangaben hinsichtlich der Eigenart des Kapitalismus zurückgegriffen. Er findet sich in der Vorbemerkung zu seinem Artikel „Die protestantische Ethik und der Geist des Kapitalismus".[10] Dort bezeichnet er den Kapitalismus als die „schicksalsvollste Macht des modernen Lebens." Zur Kennzeichnung dieses Typus historischer Vergesellschaftung hebt er die folgenden Merkmale hervor:

1. Das Streben nach Gewinn als solches, auch nach Geldgewinn, hat isoliert genommen, nichts mit Kapitalismus zu tun. Das gab es „zu Epochen aller Länder der Erde."[11] Das Gewinnstreben im Kapitalismus weist demgegenüber die Eigenart auf, dass vom „kontinuierlichen, rationalen kapitalistischen Betrieb" wachsende Gewinne gemacht werden sollen. Es geht um die „Rentabilität" der kapitalistischen „Wirtschaftsakte. „Ein ‚kapitalistischer' Wirtschaftsakt soll uns heißen zunächst ein solcher, der auf Erwartung von Gewinn durch Ausnützung von *Tausch*-Chancen ruht; auf (formell) *friedlichen* Erwerbschancen also."[12]
2. „Rationales" Wirtschaften in Betrieben setzt vor allem die systematische Kapitalrechnung voraus. Am Ende der Bilanzierung muss der Betrieb immer wieder einen Überschuss über die Kosten der „Erwerbsmittel" ausweisen können, anderenfalls frisst ihn die Konkurrenz auf. Bei der kapitalistischen Rationalität kommt es allein darauf an, „dass die *tatsächliche* Orientierung an einer Vergleichung des Geldschätzungserfolges mit dem Geldschätzungseinsatz, in wie primitiver Form auch immer, das wirtschaftliche Handeln entscheidend bestimmt."[13]
3. Ein entscheidendes Merkmal der kapitalistischen Gesellschaftsformation stellt zudem „die rational-kapitalistische Organisation von (formell) *freier Arbeit*" dar.[14] Dem entspricht empirisch natürlich die Masse der abhängig Arbeitenden, die *Lohnarbeit*. „Formell" frei ist sie, weil die Lohnabhängigen oder ihre Interessenvertretungen scheinbar selbständige Partei beim Abschluss von Arbeitsverträgen sind. „Frei" waren sie zu Beginn der kapitalistischen Entwicklung auch deswegen, weil sie von den Kapitalherren gewaltsam von Haus und Hof vertrieben, freigesetzt und entweder in die Armenhäuser getrieben oder in Fabriken ausgebeutet wurden.
4. Ein weiteres prägendes Merkmal des Kapitalismus ist die institutionelle Trennung von Betrieb und Haushalt. Die Arbeitenden müssen ihren Familienhaushalt verlassen und „auf die Arbeit" im Betrieb gehen. *„Home office"* führt derzeit einige Änderungen dieser Situation herbei. Betrieb und Haushalt stellen in den Kreislaufmodellen der neo-klassischen Wirtschaftslehre die beiden elementaren „Wirtschaftspole" dar (später kommen vor allem Staat und Außenhandel hinzu). Zwischen den beiden Polen fließen die Geld- (G) und Warenströme (W): G-W-G und W-G-W bei Marx. Charakteristisch ist

also – wie ebenfalls bei ihm – nicht zuletzt „die Entstehung des *bürgerlichen Betriebs*kapitalismus mit seiner rationalen Organisation der *freien Arbeit.*“[15]
5. Die Rechenhaftigkeit der kapitalistischen Wirtschaftsakte bedeutet einen wesentlichen Teil des „spezifisch gearteten ‚Rationalismus‘ der okzidentalen Kultur“. Dieser macht sich nicht zuletzt mit dem Ideal der Berechenbarkeit von Verwaltungsakten (Bürokratie), der Rechtsprechung sowie politischer Instanzen bemerkbar.

Spätere Diskussionen über den Charakter der kapitalistischen Gesellschaftsformation in ihrer Epoche bis heute lassen allemal Verbindungslinien zu den angeführten Merkmalsangaben bei Hegel und Weber erkennen. Das gilt z. B. für Beschreibung der „Grundzüge“ des Kapitalismus durch Steinert und Resch.[16] Das gilt für J. Vogel. Dieser setzt sich unter anderem mit dem alten Mythos der klassischen politischen Ökonomie auseinander, „dass einzig der Markt und seine Akteure als Garantien spontaner Ordnung, innerweltlicher Vorsehung und Systemhaftigkeit überhaupt funktionieren.“[17] In dem Buch von J. Fulcher wird die Frage nach den Grundmerkmalen des Kapitalismus – unter Berücksichtigung von Veränderungen im Detail – ebenfalls im Rückgriff auf klassische Merkmalsangaben wie bei Hegel, Marx und Weber beantwortet.[18] Die Liste derartiger Beispiele ließe sich verlängern.

Der Bourgeois

Die erwähnten Grundzüge des Kapitalismus kennzeichnen diesen – mit welchen Veränderungen auch immer – bis in unsere Tage. Natürlich haben wirklich einschneidende Veränderungen dieses Gesellschaftstypus stattgefunden. Der Kapitalismus der „Wohlstandsgesellschaften“ mit „Interventionsstaaten“, also mit staatlichen Maßnahmen, die – wie im Falle großer Krisen des Subtypus „Finanzkapitalismus“ – den Bankensektor oder Betriebe *„to big to fail“* retten sollen, sieht in vielerlei Hinsichten anders aus als zu Beginn. Der Kapitalismus der direkten Ausbeutung und proletarischer Verelendung der Industriearbeiter in der Anfangsphase ist trivialerweise in den „westlichen Ländern“ nicht mehr identisch mit den Kapitalismen der Gegenwart. Doch um Kapitalismus handelt es sich allemal. Mit dessen Entwicklung sind im Bereich der Sozialstrukturanalyse offene Fragen wie die verbunden, ob es die *sozialen Klassen*, die für Marx ein weiteres Grundmerkmal der kapitalistischen Produktionsweise darstellen, heute noch gibt oder nicht. Th. W. Adorno ist z. B. der Meinung, dass es „eine Aufgabe der Soziologie ist, an gewissen Wesensbestimmungen, wie der Klassen, festzuhalten, die ja in einem entscheidenden Sinn, nämlich dem der Abhängigkeit der meisten Menschen von anonymen und undurchsichtigen wirtschaftlichen Vorgängen, fortbestehen.“[19] Es ist natürlich ebenfalls trivial, darauf hinzuweisen, dass sich Sozialcharaktere, die in einem Zeitabschnitt der Entwicklung der bürgerlichen

Gesellschaft vorfindlich sind, einschneidend verändert haben, obwohl es sich weiterhin um Sozialcharaktere in der bürgerlichen Gesellschaft handelt.

Einen vollständigen Überblick über typische Sozialcharaktere zu geben, die in Phasen der kapitalistischen Entwicklung sinnfällig wurden, ist hier unmöglich. Genau so wenig kann ich die sozialstrukturellen Verschiedenheiten zum Thema machen, die sich auftun, wenn die über die abstrakte Kernvorstellung des prägenden Herrschaftsverhältnisses (Grundherr und abhängige Bauernschaft oder Lohnarbeit und Kapital) weit hinausgehenden Differenzierungen der Sozialstruktur des Kapitalismus berücksichtigt werden sollen. Im Hinblick auf den Beginn der industriellen Revolution wurde nicht nur die „Lage der arbeitenden Klasse in England", also die Entstehung und Entwicklung des Proletariats im Verhältnis zu Grund- und Kapitalherren bei Marx und Engels zum kritischen Thema, sondern auf einer weniger abstrakten Ebene der Betrachtung z. B. auch der Hof- und Kirchenadel, die Grundeigentümer, die handeltreibenden Stadtbürger sowie die immer noch die breite Masse darstellende Bauernschaft.[20] Selbst die Vielfalt derartiger „Großgruppen" der historischen Analyse erweist sich auf konkreteren sozialgeschichtlichen Ebenen als immanent höchst differenziert. Doch diese Art der historischen Betrachtung ist hier nicht mein Ziel. Es geht nur darum, *einige* Ausprägungen des Sozialcharakters in der Geschichte der bürgerlichen Gesellschaft als Exempel heranzuziehen. Eingangs geht es dabei um eine Notiz zum bürgerlichen Sozialcharakter, um den *Bourgeois*. Dazu haben M. Weber und nicht zuletzt W. Sombart (1863–1941) folgenreiche Schriften verfasst.

Der Charakter des Menschen ist zum Teil das Ergebnis dessen, was er aus sich selbst macht (Kant). Aber mannigfaltige Charakterzüge entstammen dem schwierigen Verhältnis zwischen Ich-Identität und dem Unbewussten, zahlreiche andere den Einwirkungen der gesellschaftlichen Verhältnisse, in die der Mensch hineingeboren zu sein, das oftmals eng begrenzte Vergnügen hat. Grundzüge der Charaktermaske prägen sich dem Individuum aufgrund der Einwirkung ökonomischer Faktoren ein und bestimmen in weitem Maße seine Rolle als „Wirtschaftsmensch". Sombart und Weber fragen nicht nur nach dem *Geist*, der das Handeln der wirtschaftenden Einzelnen beseelt, sondern auch nach dem, in dem das ganze Wirtschaftssystem geführt wird. Welcher Geist beseelt den *Bourgeois* in den Phasen der Ausbreitung der bürgerlichen Gesellschaft in Europa und welchen Einfluss hat er auf deren Wirtschaftssystem? Unter „Geist" versteht Sombart nach allen Eindrücken in erster Linie wohl „seelische" Merkmale des Einzelnen wie Motivationen, Gefühle, Situationsdeutungen, Erfahrungen, Problembewusstsein, Zielsetzungen, Norm- und Regelorientierungen etc. In welchem Verhältnis stehen sie zu wirtschaftlichen Faktoren? Kurzum: Es geht Sombart um sämtliche „Äußerungen des Intellekts, (um) alle Charakterzüge, die bei wirtschaftlichen Strebungen zutage treten."[21] Er verfolgt also nicht so sehr die kausalen Einwirkungen ökonomischer Lebensbedingungen und Zwänge auf den Charakter, worauf er gleichwohl verweist, sondern bezieht sich auf Charakterzüge, die geeignet sind, bestimmte wirtschaftliche Strukturen, Prozesse und Entwicklungen zu tragen und zu fördern. Bei Weber entspricht dem die „Sinnadäquanz“ zwischen religiösen Inhalten der protestantischen Ethik und der kapitalistischen Entwicklung. Da passt etwas gut zusammen.

Ähnlich wie im Falle des Basis-Überbau-Modells trifft Sombart dabei eine Unterscheidung zwischen dem Wirtschafts*geist* und dem faktischen Wirtschafts*leben* in einer Gesellschaft. Genau wie von Weber wird also auch von ihm ein Unterschied zwischen der *Form* einer Wirtschaftsformation und dem *Geist* gemacht, „in dem sie geführt wird.“[22] Geist und Form werden bei beiden gemäß der idealtypisierenden Methode näher bestimmt.[23] Mithilfe eines solchen historischen Idealtypus' (wie der des mittelalterlichen Ritters etwa im Unterschied zum Samurai) lassen sich die Abweichungen exakter registrieren, welche das empirische (Ritter-)Leben charakterisieren. In diesem Sinne fragt Sombart nach der Herkunft und den Inhalten des kapitalistischen Unternehmungsgeistes. Dieser hat die im Mittelalter vorherrschende Orientierung am Bedarfsprinzip (Prinzip der „Nahrung“) durch das Profitmotiv der neuzeitlichen Marktstrategen abgelöst. Die Frage lautet also: In welchem Geist werden die kapitalistischen Betriebe von der Charaktermaske eines neuen Unternehmertypus geführt? Der neue kapitalistische Geist „durchbricht die Schranken der auf geruhsamer Genügsamkeit aufgebauten, sich selbst im Gleichgewicht haltenden, statisch, feudal-handwerksmäßigen Bedarfswirtschaft und treibt Menschen in die Wirbel der Erwerbswirtschaft hinein. Erobern heißt hier im Gebiete des materiellen Strebens erwerben: eine Geldsumme vergrößern.“[24] Doch der kapitalistische Geist von Individuen als Idealtypus stellt darüber hinausgehend ein komplexeres Gefüge von Motivationen, Einstellungen, Situationsdeutungen und Handlungsdispositionen dar, das nach und nach die historische Vorherrschaft gewinnt. Dazu gehören die rationale Kalkulation der Nutzen-Kosten-Bilanz, Sparsamkeit, die Ablehnung einer jeden Zeitverschwendung (*time is money*), Fleiß und Betriebsamkeit im Betrieb, bewusste Effizienzorientierung, Vorordnung des Tauschwerts vor dem Gebrauchswert, Freiheitsvorstellungen als Ellenbogenfreiheit samt der Abwehr von allen staatlichen Regulierungen, die in die „Freiheitssphäre des Individuums“ einzugreifen drohen. Nicht zuletzt geht es um Marketingstrategien, womit – wie es so schön bei Sombart heißt – der „Kunde aufgesucht und angegriffen wird.“[25]

Auf diesem Hintergrund zeichnen sich die Erscheinungsformen des *Bourgeois* ab. Da hat bei Sombart zunächst der Bourgeois des ganz alten Stils seinen Auftritt. Dieser Typus gehört der frühkapitalistischen Entwicklung bis gegen Ende des 18. Jahrhunderts und dem Beginn des 19. Jahrhunderts an. „Kapitalistischer Unternehmer war dieser alte Bourgeois immer auch: Der Erwerb war sein Ziel, die Gründung von Unternehmungen sein Mittel; er spekulierte und kalkulierte; und schließlich nahmen auch die bürgerlichen Tugenden (freilich in höchst verschiedenen Graden) von seinem Wesen Besitz.“[26] Sombart ist der Ansicht, dass der frühkapitalistische Unternehmertyp zwar nach Reichtum strebte, aber den

Reichtum nicht *nur* um seiner selbst willen begehrte. Reichtum sollte stets auch der Förderung inhaltlicher Lebensziele wie etwa der persönlichen Unabhängigkeit, der Gewinnung von Freunden oder Mehrung des Ruhms der Person dienen. Auch die spätere turbokapitalistische Beschleunigung war noch nicht so ganz sein Problem. „Das Tempo ihrer geschäftlichen Tätigkeit war noch ein gemächliches, ihr ganzes Gehaben ein geruhsames. Noch war kein Sturm in ihrem Tun."[27] Es geht ihnen noch nicht so sehr um die schnellen Umschlagzeiten – *just in time*. Im Verlauf des 19. Jahrhunderts und zu Beginn des 20. Jahrhunderts verändert sich die Charaktermaske des Bourgeois in Richtung auf den „modernen Wirtschaftsmenschen". Dann geht es den Wirtschaftenden um maximalen Gewinn sowie um die Sicherung der Stellung des Betriebes auf „den Märkten" als Macht des Schicksals. „Ausbreitung des Geschäfts ist der leitende Gesichtspunkt. Billigkeit und Güte der Produktion Mittel zu diesem Zwecke."[28] Zugleich wird die Geschwindigkeit der ökonomischen Abläufe immer wichtiger für den Betriebserfolg. Die privaten Firmeneigner mit uneingeschränkter Verfügungsgewalt oder die Familienbetriebe sind seltener geworden. Inzwischen werden Aktiengesellschaften von „wechselnden Direktoren an der Spitze" geleitet. Es handelt sich um „Führungskräfte", deren Kompetenz als „Topmanager" vorausgesetzt wird, aber „deren persönliche Moralität man nicht nachprüfen kann und nicht nachzuprüfen braucht."[29] Mit dieser ist es nach verschiedenen Eindrücken nicht weit her. Nach Sombart lässt sich die Verschiebung von persönlichen Tugenden wie die des soliden Wirtschaftens „aus der Sphäre der persönlichen Charaktereigenschaften und ihre Übertragung auf einen Geschäftsmechanismus besonders deutlich verfolgen, wo es sich um die Kreditwürdigkeit eines Unternehmens handelt. Wenn früher das Vertrauen in die Solidität z. B. einer Bank auf dem Ansehen alter Patrizierfamilien beruhte, so ist es heute im Wesentlichen die Höhe des investierten Kapitals und der Reserven, was einer Aktienbank ihre Stellung in der Geschäftswelt und beim Publikum verschafft."[30]

Der autoritäre Charakter und die Furcht vor der Freiheit

Bestimmte Charakterzüge des von E. Fromm psychoanalytisch begründeten und von Adorno et al. in der „Authoritarian Personality" (vgl. Kapitel 3) empirisch untersuchten autoritären Charakters finden sich allenthalben und seit langem schon in der Geschichte vor. So etwa die Xenophobie (der Fremdenhass), militante Vorurteile, das „Ingroup-Outgroup-Denken" (Griechen und Römer versus „Barbaren"), Destruktivität der Gesinnung, Aberglaube (heute etwa in der Form von Verschwörungstheorien), Narzissmus, Sadismus, Sado-Masochismus u. a. m. Aber andere Wesenszüge des autoritären Charakters verdanken sich ausdrücklich der Entwicklung der bürgerlichen Gesellschaft so wie z. B. sein krankhafter Sparzwang, Sammelwut oder spezifische Neurosen mit allen Symptomen, worin sie sich äußern. Fromm hat sich auch später intensiv mit einer Untersuchung befasst, „welche die Charakterstruktur des modernen Menschen und die Probleme der Wechselwirkung zwischen psychologischen und soziologischen Faktoren behandelt."[31] Dabei geht er von einer philosophisch-anthropologischen Grundannahme aus: „Der Mensch hat – je mehr er aus seinem ursprünglichen Einssein mit seinen Mitmenschen und der Natur heraustritt und ‚Individuum' wird – keine andere Wahl, als sich entweder mit der Welt mit spontaner Liebe und produktiver Arbeit zu vereinen oder auf irgendeine Weise dadurch Sicherheit zu finden, dass er Bindungen an die Welt eingeht, die seine Freiheit und die Integrität seines individuellen Selbst zerstören."[32]

Für die geschichtliche Entwicklung der Menschheit, so Fromm, ist daher ein dialektischer Prozess charakteristisch: Es gibt eine Tendenz zu wachsender „Individuation". Doch dieser Prozess erzeugt auch sich heraus einen Zug zur „Isolierung, Unsicherheit ... am Sinn des eigenen Lebens ... Wenn jedoch die wirtschaftlichen, gesellschaftlichen und politischen Bedingungen, von denen der gesamte Prozess der menschlichen Individuation abhängt, keine Grundlage für die Verwirklichung der Individualität ... bieten, während die Menschen gleichzeitig die Bindungen verloren haben, die ihnen Sicherheit boten, dann macht dieser leere Raum die Freiheit zu einer unerträglichen Last."[33] Von daher ergibt sich auch die zentrale Zielsetzung von Fromms Studie über die Furcht vor der Freiheit in der modernen Gesellschaft: „Unser Ziel ist es, zu zeigen, dass die Struktur der modernen Gesellschaft den Menschen gleichzeitig auf zweierlei Weise beeinflusst: Er wird kritischer; er wird aber andererseits auch isolierter, einsamer und stärker von Angst erfüllt."[34] Es gibt logisch elaboriertere Vorstellungen von dialektischer Logik als diese. Doch die logische Struktur dieser allgemeinen Thesen bei Fromm entspricht immerhin dem, was ich als Minimaldialektik bezeichnet habe: Ein tragender Prozess erzeugt aus sich heraus eine Tendenz zur Zerstörung von Ablaufbedingungen dieses Prozesses selbst oder bedroht am Ende gar seinen gesamten Fortgang. Adornos geschichtsphilosophische Zentralthese weist die nämliche Struktur auf: „Je konkreter Anthropologie auftritt, desto trügerischer wird sie, gleichgültig gegen das am Menschen, was gar nicht in ihm als dem Subjekt gründet, sondern in dem Prozess der Entsubjektivierung, der seit unvordenklichen Zeiten parallel lief mit der geschichtlichen Formation des Subjekts."[35]

Die beiden Prozesse – Individuierung zum Subjekt und Entsubjektivierung – laufen bei dem Dialektiker Adorno natürlich nicht einfach nur parallel nebeneinander her, sondern der Prozess der Entsubjektivierung bedeutet die *immanent* zerstörerische Gegentendenz zum Prozess der Formation des Individuums als autonomes Subjekt. Fromm erkennt in einem vergleichbaren Rahmen der Darstellung die gleiche Entwicklungslinie in den modernen kapitalistischen Zeiten: „Mit der Entwicklung des Monopolkapitalismus in den letzten Jahrzehnten scheint sich die Gewichtsverlagerung der beiden Tendenzen zur menschlichen Freiheit verändert zu haben. Jene Faktoren, die dazu tendieren, das individuelle Selbst zu schwächen, haben größeres Gewicht gewonnen, während die das Individuum stärkende Elemente an Gewicht verloren haben."[36]

Derzeitige Gegebenheiten hätten überdies E. Fromm ganz bestimmt in folgender Ansicht nachdrücklich bestärkt: „Tatsächlich sind die Methoden, die unsere Fähigkeit zu kritischem Denken abzustumpfen, für unsere Demokratie noch gefährlicher als manche offenen Angriffe auf sie ...“[37] Einen Ausweg, den zahlreiche Menschen aus diesen Gegenläufigkeiten suchen, besteht in der „Flucht ins Autoritäre.“ Sie offenbart sich in der „Tendenz, die Unabhängigkeit des eigenen Selbst aufzugeben und es mit irgendjemand oder irgendetwas außerhalb seiner selbst zu verschmelzen, um auf diese Weise sich die Kraft zu erwerben, die dem eigenen selbst fehlt.“[38] Sie ist nicht zuletzt für den autoritären Charaktertypus kennzeichnend, bei dem Sadismus, Masochismus und der Sado-Masochismus verbreitete Merkmale darstellen. Fromm berücksichtigt bei der Diskussion über den autoritären Charakter den Unterschied zwischen „rationaler Autorität“ (Sachautorität) und repressiver (hemmender) Autorität, die für diesen kennzeichnend ist. „Die psychologische Situation ist in beiden Autoritätssituationen unterschiedlich. In der ersten sind Liebe, Bewunderung und Dankbarkeit die vorherrschenden Elemente. Die Autoritätsperson ist gleichzeitig ein Vorbild, mit dem man das eigene Selbst ganz oder teilweise identifizieren möchte. Im zweiten Fall entsteht Ressentiment und Feindseligkeit gegen den Ausbeuter, da die Unterordnung unter ihn den eigenen Interessen zuwiderläuft.“[39] Macht und Machtpersonen rufen beim autoritären Charakter Bewunderung und Bereitschaft zur Unterwerfung hervor, „ganz gleich, ob es sich dabei um eine Person oder eine Institution handelt.“[40] Es erscheint ein Widerspruch zu sein, wenn die Autoritären sich oftmals mit Hass und Gewalt gegen „die oben“ kehren. Aber diese Rebellion bedeutet keinen Widerstand, sondern Trotz. „Es handelt sich um den Versuch, sich durchzusetzen und das Gefühl der Ohnmacht zu überwinden, indem man die Autorität bekämpft, obwohl man auch weiterhin das Bedürfnis hat, sich zu unterwerfen – bewusst oder unbewusst.“[41] Angenommen werden geheime Kräfte, welche das Leben bestimmen oder als Macht des unausweichlichen Schicksals empfunden werden. „Nicht das Schicksal zu ändern, sondern ihm sich zu unterwerfen, macht den Heroismus des autoritären Charakters aus.“[42] Ihm ist zudem eine ausgeprägte Destruktivität eigen. Die Ohnmacht gegenüber bestimmten Gegebenheiten führt dazu, sie zerstören zu wollen. Eine entgegengesetzte Tendenz zur Flucht vor bedrohlichen Mächten besteht im Rückzug oder im Konformismus. In diesem Zusammenhang formuliert Fromm seine Version der Entsubjektivierungsthese: Ein Fluchtmechanismus, der nach seiner Auffassung die moderne Welt durchzieht, besteht darin, „dass der einzelne aufhört, er selbst zu sein; er gleicht sich völlig dem Persönlichkeitsmodell an, das ihm seine Kultur anbietet, und wird deshalb genau wie alle anderen und so, wie die anderen es von ihm erwarten.“[43]

Fromm hat mit seiner Schrift den Versuch gemacht, zu zeigen, „dass gewisse Faktoren im modernen Industriesystem und insbesondere in seiner monopolistischen Phase zur Entwicklung einer Persönlichkeit führen, die sich ohnmächtig und alleingelassen, angsterfüllt und unsicher fühlt."[44] Sie lebt in Furcht vor der Freiheit.

Traditionsorientierung, Kreiselkompasse und Radarsysteme (D. Riesman)
1958 erschien (in deutscher Übersetzung) eine einflussreiche Studie von D. Riesman, R. Denney und N. Glazer über „Die einsame Masse" (1950). Der Untertitel dieses weltweit diskutierten Buches lautet: „Eine Untersuchung der Wandlungen des amerikanischen Charakters."[45] Es enthält eine Reihe von Begriffen, die inzwischen fest im Wörterbuch der Soziologie verankert sind. Autoren wie Riesman wollen den in Epochen der kapitalistischen Entwicklung *vorherrschenden* Sozialcharakter analysieren und sind sich selbstverständlich im Klaren darüber, dass er nicht der Einzige ist, der sich zur gleichen Zeit vorfinden lässt. Und je nachdem, auf welcher Ebene der Abstraktion sich die Darstellung bewegt, fällt die Liste der Phänotypen natürlich kürzer oder länger aus. Riesman, normalerweise als Hauptautor der Studie zitiert, will den Zusammenhang von Charakter und Gesellschaft in eine Verbindung mit einfachen demographischen Indikatoren für den Wandel westlicher Gesellschaften bringen, wobei es ihm erster Linie um die USA geht. Den Ausgangspunkt dieser Art von Überlegungen bildet die von Henry Sumner Maine (1822–1888) vorgeschlagene Beschreibung des Übergangs von der Feudalgesellschaft zur modernen bürgerlichen Gesellschaft als Bewegung *from status to contract*. Das Ständesystem der Adelsgesellschaft wird vom Vertrags- und Warentauschsystem der bürgerlich-kapitalistischen Gesellschaft abgelöst. Die zweite einschneidende Veränderung beschreibt Riesman als Übergang aus dem Zeitalter der (industriellen) Produktion in das des Konsums.

Zunächst gab es in den überlieferten Agrargesellschaften einen hohen Bevölkerungsumsatz. Die Lebenserwartung war gering, die Geburtenziffer hoch, zugleich aber auch die Säuglingssterblichkeit. Aufgrund der Fortschritte der Medizin und der Verbesserung der Versorgung mit Lebensmitteln sinkt die Säuglingssterblichkeit und die mittlere Lebenserwartung steigt. Es kommt zu einem rasanten Bevölkerungswachstum. Danach stagniert das Bevölkerungswachstum, wenn die Bevölkerung nicht gar schrumpft. Die mittlere Lebenserwartung steigt deutlich, während die Zahl der Kinder pro Haushalt sinkt. Riesman vertritt die These, die Gesellschaftsformationen, welche für diese drei Entwicklungsphasen jeweils charakteristisch sind, formten „in ihren typischen Vertretern einen sozialen Charakter", der als Idealtypus rekonstruiert werden kann.[46] Für die erste demographische Entwicklungsphase ist der Sozialcharakter des *traditionsgeleiteten Menschen* kennzeichnend, für die zweite der *innengeleitete Mensch*, für die dritte schließlich ist der *außengeleitete Mensch* der westlichen Industriegesellschaften charakteristisch.

- *Der traditionsgeleitete Sozialcharakter* in „einfachen Gesellschaften" (É. Durkheim): Dieser Typus ist, so Riesman, immer noch in zahlreichen Entwicklungsländern vorfindlich. Es handelt sich um Gesellschaften, die noch weitreichend von der Landwirtschaft geprägt werden oder als „Schwellenländer" gelten können. Die Konformität der Menschen mit den bestehenden Verhältnissen basiert auf der *Traditionslenkung* ihrer Orientierungen und Einstellungen. In diesen Gesellschaften finden sich feste, seit Langem bestehende Institutionen, die von Generation zu Generation ohne wesentliche Veränderungen übertragen werden. Soziale Kontrolle wird vor allem durch geschichtlich überlieferte Gruppen (Familie, Sippe, Standesgenossen) ausgeübt. Gewichtige Anreize für Neuerungen fehlen. Dauerhafte Probleme werden mit den gewohnten Verfahren bearbeitet. Innovationen gibt es, aber in keinem besonderen Ausmaß. Riesman ist der Meinung, in einigen dieser Gesellschaftsformationen werde der einzelne mehr geachtet als in vielen Bereichen der modernen Gesellschaft. Aber aufgrund eines Netzwerkes aus unproblematisierten, die Integration der Gesellschaft und die Verhaltenssicherheit des Einzelnen garantierenden Normen, Sitten und Gebräuchen steckten sich die Einzelnen nur in geringem Maße individuelle Ziele und gestalteten ihren Lebenslauf nicht sehr stark nach eigenem Ermessen. Abweichendes Verhalten wird auf eigene Weise behandelt: „In diesen Gesellschaften wird ein Mensch, der in späteren Epochen wahrscheinlich zum ‚Erneuerer' oder Umstürzler werden würde, dessen Dazugehörigkeit demnach gering oder problematisch ist, in Rollen wie die des Schamanen oder Zauberers abgedrängt ..."[47] Abgedrängt? Die „Abgedrängten" übten erheblichen Einfluss aus. Traditionslenkung impliziert nicht, es habe keine Konflikte und Krisen gegeben. Materielles Elend, Seuchen, kriegerische Auseinandersetzungen und Repressionen gab es mehr als genug. Die Hauptmerkmale der traditionsgeleiteten Gesellschaften lassen sich also so zusammenfassen: „... sie ähneln einander in Hinsicht auf das verhältnismäßig langsame Tempo, in dem der soziale Wandel vor sich geht, ihrer Abhängigkeit von familien- und sippengebundenen Organisationen und – verglichen mit späteren Epochen – ihrem dichten Netz von sozialen Wertsetzungen."[48]

- *Der innengeleitete Sozialcharakter* in der Phase des Bevölkerungswachstums: Für diesen ist „die Innen-Lenkung die vorherrschende Art zur Sicherung von Verhaltenskonformität."[49] Mit dem Beginn der industriellen Revolution in Europa werden zahllose der kleinen Landsassen von Grund und Boden vertrieben und damit aus ihren traditionellen Lebenszusammenhängen herausgerissen. Sie werden in Massen für die Fabrikarbeit freigesetzt oder in die Armenhäuser getrieben. Aber mit den technischen Fortschritten in Landwirtschaft und in den Betrieben, der sich verbessernden Medizin kommt es zu einem Bevölkerungswachstum bei gleichzeitiger Veränderung der Mechanismen der Konformitätssicherung. Es entsteht nach Riesman eine neue Gesellschaftsformation mit im breiten Maße „innengleiteten" Menschen. Als ihr Grundmerkmal gilt: *„Die Kraft, die das Verhalten des Individuums steuert, wird verinner-*

licht, d. h. sie wird frühzeitig durch die Eltern in das Kind eingepflanzt und auf prinzipiellere, aber dennoch unausweichliche Ziele gerichtet."[50] Es kommt zur individuellen Gewissensbildung in Form der Implantierung des Über-Ichs im Zuge familialer Sozialisationsprozesse. Während in den traditionsgeleiteten Gesellschaften sich die Praxis der Integration und Verhaltenskontrolle sich auf die „Sicherstellung einer äußeren Verhaltenskonformität" in nur langsam sich verändernden Verhältnissen richtet, wächst der Grad der sozialen Differenzierung der Gesellschaft sowie die Menge und Stärke von Krisen ständig an. Das hat zur Folge, dass die Individuen und Gruppen sich in ständig wechselnden Situationen zurechtfinden müssen, welche „ein festgelegter Kodex von Regeln nicht im Voraus umfassen kann."[51] Die Einzelnen sind mehr und mehr auf ein gutes Stück Handeln im eigenen Ermessen angewiesen. Es entsteht zwar ein fester, auf dem Vermittlungswege des Über-Ichs an gesellschaftliche Normen, Regeln und Kriterien zeitbeständig angebundener Charakter, dem jedoch zur gleichen Zeit ein vermehrt selbständiges Handeln abverlangt wird. Dieser Charaktertypus steckt sich gesellschaftlich anerkannte und langfristige Ziele, die er hartnäckig, gewissenhaft und erfolgsorientiert anstrebt. Die Medaille hat eine Kehrseite: Die Festigkeit des innengeleiteten Charakters kann leicht in die dogmatische Starre und den peinlichen Gewissenszwang abgleiten. Der autoritäre Charakter passt in dieses Bild. Selbst Traditionalisten müssen mit der Tatsache zurechtkommen, dass es eine Vielfalt dessen gibt, was als Tradition gilt. Der Innengeleitete „bringt ein erhöhtes Maß an Anpassungsfähigkeit für die ständig sich verändernden Gegebenheiten seiner Umwelt auf und kann seinerseits erhöhte Anforderungen an diese Umwelt stellen."[52] Der innengleitete Mensch verfügt gleichsam über ein Gewissen als „Kreiselkompass" – so Riesman –, der Ziele, den Stil und die Art seiner Lebensführung auf eine Weise ausrichtet, die einen flexiblen Umgang mit Problemen der Außenwelt voraussetzt. „Sein Steuerungssystem arbeitet nicht vollautomatisch."[53]

- *Der außengeleitete Sozialcharakter* im Spätkapitalismus: In der dritten Phase der demographischen Entwicklung gleicht sich die Geburtenziffer der zurückgehenden Sterbeziffer an. Es gibt sogar schrumpfende Bevölkerungen. Immer weniger Menschen sind in der Landwirtschaft und der Grundstoffindustrie tätig. Die Zahl der Beschäftigten im Industriesektor stagniert oder sinkt sogar, während sich der Dienstleistungssektor immer weiter ausdehnt.[54] Die Wohlstandsgesellschaften auf dem alten Kontinent und in den USA produzieren eine Mannigfaltigkeit von Waren und gewähren wachsende Freizeit. Die Mangelgesellschaft wird in begrenzten Regionen von der Wohlstandsgesellschaft abgelöst. In der so veränderten Gesellschaftsformation verliert der Kreiselkompass der Innengeleiteten seine richtungsweisende Kraft. Denn „Werte" wie Sparsamkeit, Konsumverzicht und erfolgsorientiertes Handeln geraten in die Krise. Der Wohlstand wächst und dem „Konsum von Bildung,

Freizeit, Luxus und öffentlichen und privaten Dienstleistungen entspricht die Steigerung des Konsums von Wort und Bild durch die neuen Massenkommunikationsmittel."[55] Die überlieferten Formen der Disziplinierung des Verhaltens und der Gewissensbildung in der Familie lockern sich, wobei gleichzeitig die verschiedensten *peer groups* an Einfluss gewinnen. Riesman zeichnet auf diesem Hintergrund das folgende Bild vom außengeleiteten Menschen: *„Das gemeinsame Merkmal der außengeleiteten Menschen besteht darin, dass das Verhalten des einzelnen durch die Zeitgenossen gesteuert wird; entweder von denjenigen, die er persönlich kennt, oder von jenen anderen, mit denen er indirekt durch Freunde oder durch die Massenunterhaltungsmittel bekannt ist. Diese Steuerungsquelle ist selbstverständlich auch hier verinnerlicht, und zwar insofern, als das Abhängigkeitsgefühl von dieser dem Kind früh eingepflanzt wird. Die von den außengeleiteten Menschen angestrebten Ziele verändern sich jeweils mit der sich verändernden Steuerung durch die von außen empfangenen Signalen. Unverändert bleibt lediglich diese Einstellung selbst, die den von den anderen abgegebenen Signalen gezollt wird.*"[56] Der Kreiselkompass wird durch die Antenne ersetzt. Zwar waren die Reaktionen signifikanter anderer immer schon für die Einzelnen relevant, nun aber überschreitet die Außenlenkung sowie die damit verbundene Folgebereitschaft jedes gewohnte Maß. Die teilweise skurrile Charaktermasken der „Influencerinnen" und „Influencer", der „Adels- „und „Promiexperten" etc. bevölkert TV und den Cyberraum. Beim Innengeleiteten gab es die Gewissensbisse, Schuldgefühle oder Furcht vor dem Misserfolg und Versagen, der Außengeleitete empfindet aufgrund der wechselnden Signale auf seiner Radaranlange eher eine Art diffuser Angst. Dieser Charaktertypus erscheint durch das bei seiner Beschreibung auf Außenkontrolle und Konformitätssicherung gelegte Gewicht wie eine Marionette eines Systems sich ständig ändernder Erwartungen. Aber das ist nicht das Bild, das Riesman letztendlich zeichnen will. Es sollte nicht vergessen werden, dass der Sozialcharakter eines Menschen nicht seinen *gesamten* Charakter umfasst. „Der einzelne ist zu weit mehr fähig, als seine Gesellschaft gewöhnlich von ihm abverlangt …"[57] Ähnlich wie bei Dahrendorf geht das Individuum nicht in seinem Bestimmtsein durch Rollenerwartungen und daher im blanken Konformismus auf. Es wird ihm letztendlich doch ein Potenzial zu selbstbestimmten Handlungen nachgesagt. Auf diesem Hintergrund beschreibt Riesman drei allgemeine Grundtypen der Konformität und Nonkonformität der Menschen innerhalb der verschiedenen Entwicklungsphasen der Gesellschaft.

1. *Die Angepassten*: Das sind Personen, welche „ihrer charakterlichen Struktur nach den Forderungen der Gesellschaft oder Klasse in jeweiligen Stadien der Bevölkerungsbewegung entsprechen."[58]
2. *Die Anomalen:* Darunter sind diejenigen zu verstehen, welche sich in einem geringen Ausmaß im Einklang mit den bestehenden Verhältnissen befinden.

Diese „Anomie“ muss nicht ist unbedingt als „Fehlanpassung“ verstanden werden. Im Falle repressiver Signale in der Radaranlage kann sie geradezu als das Gegenteil davon verstanden werden.

3. *Die Autonomen:* Es handelt sich um diejenigen, welche „im großen und ganzen fähig sind, sich entsprechend den Verhaltensnormen ihrer Gesellschaft benehmen – eine Fähigkeit, die den Anomalen meistens fehlt –, die aber zwischen Konformität und Nonkonformität entscheiden können.“[59]

Sprichwörtlich geworden ist Riesmans Beschreibung des politischen Verhaltensstils der Außengeleiteten. Er bezeichnet sie als *inside-dopester*, als Informationssammler, die mit ihrem Radarsystem die politische Landschaft abtasten. Sie tragen vielfältige Informationen zusammen, ohne sie meistens in politische Aktivitäten umzusetzen. „Wir können uns unter dem Informationssammler einen Menschen vorstellen, der (aus guten Gründen) zu dem Schluss gekommen ist, dass er, unfähig den Verlauf des politischen Geschehens zu ändern, diesem nur noch Verständnis, aber keinen Handlungsimpuls entgegenbringen kann.“[60] Auf ein politisches Engagement lässt sich der Informationssammler nur ein, wenn dies „auf annehmbare Art und Weise“ geschieht, also im Einklang mit den Ansichten für ihn bedeutsamer anderer steht.[61] Er befasst sich ohnehin nur mit dem, was ihm gefällt, seinen Verbraucherwünschen entspricht.

Narziss und ein Blick in den trüben Tümpel

Wollte unsereins wirklich eine Galerie all der Sozialcharaktere zusammenstellen, worin sämtliche ihrer Erscheinungsformen in der Geschichte der bürgerlichen Gesellschaft bzw. in den soziologischen Diagnosen zu verschiedenen Zeiten versammelt sind, dann würde ein mehrbändiges Werk herausschauen. Daher ein Sprung an das Ende der 70er und den Anfang der 80er Jahre des vorigen Jahrhunderts. Denn da wurde ein „neuer Sozialisationstyp“ im Vergleich zu den vorher diagnostizierten entdeckt. Ihn kennzeichnen zugleich historisch durchgängige Merkmale. Es handelt sich um den *narzisstischen* Charakter. Sein Hauptmerkmal, der *Narzissmus* als Charakterzug, ist natürlich uralt ist. Der Begriff „Narzissmus“ hat seinen Ursprung in der griechischen Mythologie. In den „Metamorphosen“ des Ovid (Publius Ovidius Naso 43 v. u. Z. bis 17 n. u. Z.) hat er eine seiner bekanntesten dichterischen Formen erhalten.

> „Hier einst lagerte sich vom Eifer der Jagd und von Hitze
> müde der Knabe, gelockt von der Schönheit der Stätte.
> Während den Durst zu löschen er strebt, wird anderer
> Durst wach ... Sich anstaunt er selbst, und starr mit dem
> selbigen Blicke ist er gebannt wie ein Bild aus parischem
> Marmor gebaut.“[62]

Narziss verliebt sich in sein eigenes Spiegelbild und nicht in die Nymphe Echo. Diese ist darob gar nicht entzückt und bringt die Göttin Artemis (oder Apollo?) dazu, den armen Jüngling in eine Narzisse zu verwandeln. Die Sorge um sich selbst (*le souci de sois*[63]) bedeutet etwas anderes als die Selbstsucht und diese wiederum etwas anderes als der Narzissmus als übersteigerte, wenn nicht pathologische Selbstliebe.

Von Chr. Lasch (1932–1994) wurde trotz aller alten Eitelkeiten 1979 ein „neuer Sozialisationstypus" in der „Kultur des Narzissmus" aufgespürt.[64] Adorno hatte schon zuvor (1955) auf den Narzissmus als Merkmal einer gesteigerten Tendenz zur Ich-Schwäche in der Gegenwart aufmerksam gemacht: „Auf ihn (den Narzissmus – J. R.) deuten mit unwiderstehlicher Beweiskraft alle Befunde über die vorherrschenden Regressionen, in den das Ich zugleich negiert und in falscher, irrationaler Weise verhärtet wird."[65] Er orientiert sich offensichtlich an Freud und dessen Konzept des *sekundären Narzissmus*. Dieser wurzelt in der grundsätzlichen, immer wieder auftauchenden Möglichkeit, dass das Ich deswegen „unablässig überfordert" ist, weil es „die libidinösen Bedürfnisse ebenso wie die mit diesen unvereinbaren der realen Selbsterhaltung zu vertreten hat."[66] Unter dem Druck der gesellschaftlichen Verhältnisse sowie angesichts misslingender Versuche, die schwierige Balance zwischen den Ansprüchen von Es, Über-Ich und Realität aufrechtzuerhalten, kann es zur Ich-Schwäche kommen. Wo dem Ich – so Adorno – „sein Eigenes, Differenziertes" misslingt, kann es zur Regression kommen. Seine bewussten Funktionen verschmelzen zunehmend mit unbewussten Tendenzen, die es doch eigentlich kontrollieren soll. Das Ich wird in das Es zurückgenommen. „Damit aber das Individuum die ihm aufgezwungenen, vielfach unsinnigen Verzichte zuwege bringt, muss das Ich unbewusste Verbote aufrichten und selber weitgehend sich im Unbewussten halten."[67] Zwar wird das Ich nicht ganz und gar in das Es zurückgenommen; es verschwindet nicht vollends und verliert auch nicht all seine Fähigkeiten, aber „es unterwirft sie dem Primat des Unbewussten."[68] Im Extremfall wird die „selbsterhaltende Funktion des Ichs, zumindest dem Schein nach bewahrt, aber von der des Bewusstseins zugleich abgespalten und der Irrationalität überantwortet."[69]

Freuds Lehre vom *primären Narzissmus* ist umstritten. Er soll darin bestehen, dass beim Kleinstkind die gesamte libidinöse Energie auf es selbst gerichtet ist. Es bestehe ein „ozeanisches Gefühl", wobei es zu keiner noch so elementaren Unterscheidung zwischen Ich und Nicht-Ich kommt. Diese These wird von der späteren analytischen Psychologie der Kleinstkinder bestritten. Es gibt beim Kleinstkind sehr wohl Formen des Selbstgefühls im Unterschied von Eindrücken aus der Außenwelt, wie sie etwa die Mutter repräsentiert. Kurzum: Ganz so „neu" kann unter all diesen Voraussetzungen der gemeinte Sozialisationstyp nicht sein. „Sozialisationstyp" bedeutet jedoch einen Begriff, der sich auf Auffälligkeiten bezieht, die bei Kindern der 70er und 80er Jahre registriert wurden. Es wurde eine Art Zyklus des Zerschlagens von Gegenständen und/oder Aggression gegen andere bemerkt, der von Phasen der Apathie abgelöst wurde. Hinzu komme eine Abschwächung der Motivation für zielorientierte Leistungen sowie der Konzentrationsfähigkeit. Aber das hört unsereins doch heute zu allen Zeiten als Klage über „die Jugend".

Wie dem auch sei: Insgesamt verkümmere die Fähigkeit zu dauerhafterer Objektbesetzung. Letztendlich werde das Individuum auf seine narzisstische Selbstbespiegelung zurückgeworfen. Die zeitgenössische Art des Narzissmus gilt als zwiespältig. Einerseits, so heißt es, zeichnet sich die Unfähigkeit ab, Anerkennungsbeziehungen zwischen autonomen Subjekten einzugehen, andererseits gibt es das Bedürfnis nach Geborgenheit und Zugehörigkeit zu einer Gruppe von Altersgenossen (*peer groups*). Der neue Sozialisationstyp als Charaktermaske handele oftmals planlos und sprunghaft, suche nach sprunghaften Eindrücken und dem „Kick". Der neue Narziss blickt also in einen trüben Tümpel; denn die Selbstverliebtheit geht mit Ichschwäche einher. All diese Tendenzen gehen nach Chr. Lasch mit der rasanten Expansion einer therapeutischen Kleinindustrie einher: „Das zeitgenössische Klima ist eben nicht religiös, sondern therapeutisch. Heute sehnen sich die Menschen nicht nach Erlösung, geschweige denn nach Wiederherstellung eines goldenen Zeitalters, sondern nach dem Empfinden, der momentanen Illusion von persönlichem Wohlbefinden, von Gesundheit und seelischer Geborgenheit. Sogar die linke Bewegung der sechziger Jahre diente vielen, die sich ihr eher aus persönlichen, denn aus politischen Motiven anschlossen, nicht als Religionsersatz, sondern als eine Art Therapie."[70] Lasch hält diesen Sachverhalt für ein Symptom einer „Kultur des Narzissmus" in den USA. Die wesentlichen Ursachen der Tendenz zur narzisstischen Kultur sieht er meines Erachtens im Niedergang des wettbewerbsorientierten Individualismus sowie in Verbindung damit auch des außengeleiteten Typus der Riesmanschen Zeitdiagnose. Die Charaktermasken des fleißigen, sparsamen und rational kalkulierenden, auf die Mehrung seines Besitzes ausgerichteten Firmeneigners tritt in den Hintergrund. Der Narziss wird stattdessen zu einer Figur in der spätkapitalistischen Lebenswelt, die sich zur Konsum- und Wohlstandsgesellschaft gemausert hat. Die Haltungen der Einzelnen, so Lasch, haben sich von der „Aufgabenorientierung und Meisterung von Aufgaben" und Problemen weg in Richtung auf das Management guter Eindrücke auf andere verändert. Was E. Goffman als *impression management* bezeichnet, das Schinden guter Eindrücke, wird im Interesse der Eigenliebe zu einem charakteristischen Stil der Lebensführung in der spätkapitalistischen Gesellschaft. Narzissten ziehen eine Schau auf den Jahrmärkten der Eitelkeiten ab und versuchen sich als Jongleure auf den Austauschmärkten der guten äußerlichen Eindrücke auf andere. „Heute wollen die Leute nicht aufgrund dessen geschätzt werden, was sie getan und geleistet haben, sondern aufgrund persönlicher Eigenschaften. Sie möchten eigentlich nicht geachtet, sondern bewundert werden."[71] Der ganze Jammer der Selfies auf den sozialen Medien belegt einiges von den Thesen.

Lasch scheint eine Art Verfallsgeschichte des bürgerlichen Sozialcharakters vor Augen zu haben, wobei die Maßstäbe seiner Gesellschaftskritik sich dem Anschein nach an Eigenschaften des klassischen *bourgeois* anlehnen. Dieser gilt ja als ein Wesen, das im Idealfall über ein starkes Ich verfügt, das es ihm gestattet, die Welt systematisch zu erkennen und zweckrational, zielorientiert vorgehend, an der Mehrung seines Nutzens zu arbeiten.

Der postmodern flexibilisierte Sozialcharakter

Gegen Ende des 20. Jahrhunderts und zu Beginn des 21. Jahrhunderts wurde wiederum eine neue Kultur des Kapitalismus zum Thema: Charakteristisch dafür ist z. B. das Buch von R. Sennett „Der flexible Mensch. Die Kultur des neuen Kapitalismus".[72] Erneut geht es über den Zusammenhang kapitalistischer Entwicklung und ihre Wirkung „auf den persönlichen Charakter" der Zeitgenossen. Im Zentrum stehen bei ihm ausdrücklich Charaktermasken, Einflüsse der Arbeitswelt auf Einstellungen und Handlungen der Personen. Mit der vom Autor registrierten Flexibilisierung des kapitalistischen Gesellschaftssystems gehen Tendenzen zur Flexibilisierung der arbeitenden Menschen einher. „Starre Formen der Bürokratie stehen unter Beschuss, ebenso die Übel blinder Routine. Von den Arbeitnehmern wird verlangt, sich flexibler zu verhalten, offen für kurzfristige Veränderungen zu sein, ständig Risiken einzugehen und weniger abhängig von Regeln und förmlichen Prozeduren zu werden."[73] Lebenslange und geradlinige Berufskarrieren sind kaum noch zu erwarten. Es gibt immer mehr Patchwork-Biografien. Für Sennett ist es bemerkenswert: Der flexible Kapitalismus türmt hohe Hürden vor der klassischen Karriere auf und verschiebt Angestellte immer wieder abrupt von einem Arbeitsbereich in einen anderen. Damit wird jene Frage aufgeworfen, welche schon bei Riesman im Zentrum der Überlegungen stand: „Wie können Loyalitäten und Verpflichtungen in Institutionen aufrechterhalten werden, die ständig zerbrechen oder immer wieder umstrukturiert werden?"[74] Wie ist soziale Ordnung unter diesen Bedingungen möglich? Wie kommen die Einzelnen mit dieser Situation zurecht? Wie kann ein Mensch noch zu einer Berufstätigkeit motiviert werden, wenn seine Verschiebung irgendwohin oder seine Entsorgung als Kostenfaktor demnächst ansteht? „Flexibilisierung" ist nach Sennetts Auffassung auch im Falle der Industriebürokratie festzustellen. Die Hierarchie der Befehlswege wird kürzer, wobei Netzwerke an ihre Stelle treten. Digitalisierung fördert diese Tendenz und erlaubt es zudem, das Produktionsangebot schneller auf wechselnde Nachfragen umzustellen. Bei den Arbeitenden schwinden alte Betriebstugenden wie Vertrauen, Solidarität und Loyalität. „Distanz und oberflächliche Kooperationsbereitschaft sind ein besserer Panzer im Kampf mit den gegenwärtig herrschenden Bedingungen als ein Verhalten, das auf Loyalität und Dienstbereitschaft beruht."[75] Aber wie lassen sich in derart auf Kurzfristigkeit angelegten Gesellschaft überhaupt noch langfristige Ziele anstreben? „Wie sind dauerhafte soziale Beziehungen aufrechtzuerhalten? Wie kann ein Mensch in einer Gesellschaft, die aus Episoden und Fragmenten besteht, seine Identität und Lebensgeschichte zu einer Erzählung bündeln?"[76] Jedenfalls nicht, indem sie eine Karriere planen und in Zusammenarbeit mit anderen Personen festere Ziele verfolgen. Denn das auf Kurzfristigkeit angelegte soziale System der Gegenwart stellt zunehmend all jene Charakterzüge in Frage, welche die Menschen aneinander binden und dem Einzelnen ein stabiles Selbstgefühl vermitteln.

Sennett stellt also ähnlich wie Adorno eine Tendenz zur Entsubjektivierung der Subjekte und die damit einhergehende Ich-Schwäche fest. Aber nach Ansicht des Autors gibt es zugleich bestimmte Siegertypen in der Gegenwart, die eine dem Zeitgeist entsprechende Form der Charakterstärke repräsentieren. Eine Reihe flexibler Menschen erweist sich als fähig, mit der Pluralität der Lebensformen sowie mit der Flexibilität der Lebensstile ebenso zurechtzukommen wie mit dem Verschwinden langfristiger Bindungen und Lebensperspektiven. Auch mit dem Schwinden gradliniger Karrieren. Es offenbart sich der postmodern flexibilisierte Mensch. Aber wiederum bleibt Einiges im ganz Alten: Der mit Macht, Vermögen und kulturellem Kapital ausgestattete Bürger ist am Besten in der Lage, mit den vielen Möglichkeiten der Lebensführung zu jonglieren und die Identität auch im Rahmen einer sog. „Bastelbiographie" (U. Beck) aufrechtzuerhalten: „Die Fähigkeit, sich von der eigenen Vergangenheit zu lösen und Fragmentierung zu akzeptieren, ist der herausragende Charakterzug der flexiblen Persönlichkeit, wie sie in Davos an den Menschen abzulesen ist, die im neuen Kapitalismus wirklich zu Hause sind. Doch diese Eigenschaften kennzeichnen die Sieger. Auf den Charakter jener, die keine Macht haben, wirkt sich das neue Regime ganz anders aus."[77] Für die „kleinen Leute" als Verlierer sieht das alles ganz anders aus. Sie packt die wohlbegründete Angst, dass im Berufsleben alle Erfahrungen und Leistungen der Vergangenheit nichts mehr zählen. „Das neue Regime respektiert in der Tat nicht, dass der pure Ablauf der Zeit, der zur Ansammlung von Kenntnissen notwendig ist, einer Person Stellung und Rechte verleiht – Wert im greifbaren Sinn; sie bewertet solche auf dem Ablauf der Zeit beruhenden Ansprüche als ein weiteres Übel des alten bürokratischen Systems, in dem die Rechte des Dienstalters die Unternehmen lähmten. Im neuen Regime zählen nur unmittelbare Fähigkeiten."[78] Erfahrung gehört nicht länger zu den Bedingungen des Ansehens eines Subjekts. Zum Charakter einer Mannigfaltigkeit von Menschen zu der Zeit, die Sennett vor Augen hat, gehört also eine Art Doppelcharakter.

Im 20. Jahrhundert wurde der postmoderne Stil und das postmoderne Denken zu einem Thema, das Architektur, Kunst, Literatur, Philosophie und Feuilleton beherrschte. In der Architektur wird z. B. die Bauhausklassik verabschiedet, die Aufklärung und das Naturrechtsdenken gelten als alte „abendländische Erzählungen", die in eine überholte Vorgeschichte abgeschoben werden, das Subjekt wird dezentriert, die Universalität bestimmter Gedanken und Normen geleugnet, ein Zerfall der gesellschaftlichen Totalität in eine Pluralität von Lebenswelten und Lebensstilen erklärt, Stringenz „dekonstruiert u. a. m. Auf diesem Hintergrund zeichnet sich ein Doppelcharakter des modernen Menschen ab. *Auf der einen Seite* kann – im Einklang mit dem modernen postmodernen Zeitgeist – eine Art Zerstreuung des Ich in alle Winde festgestellt werden. „Postmoderne Auffassungen des Ich ... betonen Bruch und Konflikt, aber nicht die Kommunikation zwischen den fragmentierten Teilen des Ich."[79] Es kommt zudem zu einem Verlust an Zuverlässigkeit. Um sich für andere als verlässlich zu erweisen, muss das Individuum seinerseits das Gefühl haben, von anderen gebraucht zu werden. Dieses Gefühl kann heute, „wo Menschen behandelt werden, als wären sie problemlos ersetzbar und überflüssig", kaum noch aufkommen.[80] Gleichgültigkeit und Apathie bedeuten Reaktionsformen auf den Verlust der persönlichen Glaubwürdigkeit. *Andererseits* kann die charakterliche Flexibilität Fähigkeiten anzeigen, sich von der Rigidität einer starren Orientierung am Realitätsprinzip oder gar von der Rigidität des autoritären Charakters zu distanzieren. Es kann somit zu Charakterzügen kommen, welche eine positive Art der Flexibilisierung anzeigen. Sennett illustriert sie anhand einer Unterscheidung, die der französischen Philosophie entstammt: *Mantient de soi* bedeutet die Aufrechterhaltung der Ich-Identität im Spannungsverhältnis zwischen Es, Über-Ich und Realität. *Constance de soi* versteht sich hingegen als Treue zu sich selbst (Selbstachtung). „Die erste erhält die eigene Identität aufrecht, die zweite beschwört Tugenden wie Selbstkritik und Ehrlichkeit gegen sich selbst und die eigenen Schwächen."[81] Das deckt sich nahtlos mit Adornos Vorstellungen von einem flexiblen Ich: „Nicht etwa die haben das feste Ich, die unreflektiert nach außen ihre Interessen verfolgen, sondern die von der Situation so unabhängig sind, dass sie ihrer eigenen Relativität, der Relativität ihrer eigenen Zwecke und Interessen innewerden. Gerade in der Negation des eigenen unmittelbaren Interesses, des eigenen Subjekts, besteht das, was ich mit Festigkeit des Ich meine."[82]

Und heutzutage? Der homo digitalis als Beispiel

W. Sombart hat die Absicht erklärt, er wolle den in einer Epoche „vorherrschenden" Sozialcharakter, den des Bourgeois, untersuchen. Was bedeutet „vorherrschend"? In numerischer Hinsicht die Überzahl zu haben? In zahlenmäßiger Hinsicht war die Bauernbevölkerung in verschiedenen Gebieten zu frühbürgerlichen Zeiten immer noch sehr viel größer als jede andere Gruppierung. Gleichzeitig wuchs die Klasse des Industrieproletariats (zunächst in England) immer mehr an. Außerdem waren diese Kollektive inhomogen. Versteht sich stattdessen „vorherrschend" als maßgebend im Machtgefüge von Wirtschaft und Gesellschaft? Was die wirtschaftliche Macht angeht, galt das damals insbesondere in England gewiss für verschiedene Fabrikbesitzer sowie für Teile der Handelsbourgeoisie. Die politische Macht konnte jedoch immer noch und eine Zeit lang zentral beim Hofadel (*nobility*) und beim Landadel (*gentry*) liegen. Bezieht sich „vorherrschend" auf all jene Charaktermasken, welche sich der Entwicklung neuer und sich ausbreitender Produktivkräfte zurechnen lassen? Dann wären dies in der Entstehungsphase des abendländischen Kapitalismus in erster Linie die Proletarier in Fabrikhallen mit den verschiedenen Maschinen. Ihre bisherigen Lebensgrundlagen haben sich in der Tat radikal, in zahlreichen Fällen durch gewaltsame Vertreibung aus ihrer agrarischen Lebenswelt verändert. Ihnen wurden durch die Bedingungen einer veränderten Arbeit für den Lebensunterhalt zudem neue Charaktertugenden abverlangt: Tugenden wie Pünktlichkeit, kontinuierlicher Fleiß, pausenloser Arbeitsvollzug, Erduldung eines langen Arbeitstages, das Ertragen der widrigsten Umstände am Arbeitsplatz, Gewöhnung an den „Takt" der Maschinen statt der überlieferten Angleichung an Naturzyklen u. a. m.

Überschneidungen zwischen den verschiedenen Kategorien und Untergliederungen beim Entwurf einer historischen Typologie von Sozialcharakteren hat es immer schon in der gesellschaftlichen Wirklichkeit gegeben. Viele Charakterzüge haben sich über die geschichtlichen Zeiten hinweg durchgehalten – so auch als Implikat verschiedener Kategorien, welche die jeweilige Lehre von den „vorherrschenden Charaktertypen" zu ihrer Zeit und für diese Zeit vorschlägt. So weisen nicht zuletzt – bei allen Veränderungen, die in den Details stattgefunden haben – Wesensmerkmale des autoritären Charakters eine klare historische Kontinuität auf. Sie bestehen bis auf den heutigen Tag – mit welchen Modifikationen auch immer – fort und breiten sich bei Rollenträgern in den verschiedensten Bereichen des Gemeinwesens aus: Ganz bestimmt bei Parteien der neuen Rechten, bei rechtsradikalen Organisationen und Personen, bei „Wutbürgern" eines mitunter bewaffneten *lunatic fringe*. Der Glaube an geheime Mächte wie der *deep state* oder kleine grüne Männchen aus dem Sternbild Alpha Centauri gehört zum Wesenskern des autoritären Charakters. In keiner Weise verschwunden ist auch der geldgierige *homo oeconomicus*. Für ihn gilt immer noch, was Marx einmal so zusammengefasst hat: „Dieser absolute Bereicherungstrieb, diese leidenschaftliche Jagd auf den Wert, ist dem Kapitalisten mit dem Schatzbildner gemein, aber während der Schatzbildner nur der verrückte Kapitalist, ist der Kapitalist der rationelle Schatzbildner. Die rastlose Vermehrung des Werts, die der Schatzbildner anstrebt, indem er das Geld vor der Zirkulation zu retten versucht, erreicht der klügere Kapitalist, indem er es stets von neuem der Zirkulation preisgibt."[83] Die Kategorie, worin dieses Phänomen heutzutage kritisch zusammengezogen wird, ist „Gier". „Die Geldgier ist eine *Leidenschaft*, allerdings mit einem völlig anderen Inhalt als andere menschliche Affekte. Das Ziel der Geldgier ist nicht der *Genuss der aufgehobenen Leidenschaft in ihrer Erfüllung*."[84] Es geht vielmehr um das rastlose Haben-Wollen und Immer-mehr-haben-Wollen. Der Bonus für all jene Artisten etwa, welche auf dem Hochseil der Finanzmärkte balancieren, kann nicht hoch genug sein. Gleichzeitig tut sich die Schere zwischen Arm und Reich immer weiter auf. All dies gehört zum Panoptikum zeitgenössischer Typen des Sozialcharakters bzw. der Charaktermasken. Was vorherrschende Charakterzüge angeht, wird sich dem *homo digitalis* in der Gegenwart eine gewichtige Rolle zuschreiben lassen. Die These scheint nicht abwegig, dass seine von den neuen digitalen Technologien abhängigen Verhaltensweisen und Einstellungen die Gesamtgesellschaft auf allen Ebenen durchziehen – von der Jobausübung in *homo office* bis hin zur universellen Erreichbarkeit an allen Orten (wenn Funkmasten in der Nähe sind) sowie zu allen Zeiten durch das Smartphone. Romanciers malen sich aus, was geschähe, wenn es etwa durch Sonneneruptionen zu einem totalen Blackout käme. Es würde das totale Chaos resultieren! Nicht nur die Kommunikation, das gesamte gesellschaftliche Getriebe bräche zusammen.

Die Arbeit am PC zuhause oder in *home office* verlangt zweifellos neue Tugenden und Einstellungen im Angesicht der Arbeitsanforderungen und den damit verbundenen Leistungserwartungen. Sorgfalt äußert sich beispielsweise darin, dass mit *attachments* der elektronischen Post achtsam umgegangen wird, weil es sonst zur viralen Infektion des PC kommt. Leistungsbereitschaft verlangt die stetige Orientierung an wechselnden Aufgaben und nicht z. B. die Nutzung des PC während der Arbeit für Computerspiele. Routine besteht im stetig erfolgreichen Umgehen mit veränderten digitalen Anforderungen. Die Forcierung der „Digitalisierung“ vernichtet gewiss eine Reihe von Arbeitsplätzen – aber von den ersten Anfängen an wurde die Einführung von einschneidend und folgenreich neuen Technologien mit der Prognose verbunden, dass das Gerät die Personen vollends ersetzen würde. Was die KI angeht, gab es das alles schon einmal, aber derzeit mehren sich mal wieder die Stimmen, denen zufolge die KI endgültig die lebendigen Menschen ersetzen würde. Ich kann dies hier nicht vertiefen, aber der prognostischen Universalisierung dieser Gefahr lässt sich stets der Kant-Test (anstelle des Turing-Tests) entgegenhalten: Angenommen, ein KI-gesteuerter und in jeder Hinsicht mit dir identischer Android betrete dein Zimmer und verkündete: Hallo! Ich bin du! Wenn *du* dann nicht mehr feststellen könntest, dass gleichwohl ein Unterschied zwischen dir und diesem merkwürdigen Wesen fortbesteht, dass da *zwei* Figuren im Raum sind, dann wärest du nicht länger deiner selbst bewusst und für dich selbst nicht mehr vorhanden. Probleme kannst du natürlich mit dem Doppelgänger *en masse* bekommen. Wie heißt es in der elementaren Logik? Wären zwei Dinge in ausnahmslos allen Merkmalen gleich, dann handelte es sich um *einen* Sachverhalt. Aber auch für Bobachter wärst du immer noch eine andere oder ein anderer als der KI-gefütterte Android. Ich erinnere an Fichtes Argumente (s. o.). Gleichwohl drängt sich die Frage auf: Wer von uns kann sich dem Rollenspiel des *homo digitalis* überhaupt noch entziehen? Offensichtlich niemand! Ich habe in diesem Zusammenhang z. B. auf die symptomatischen Phänomene der Ersetzung des persönlichen Gesprächs durch die ständige Kommunikation *smartphone to smartphone* oder auf die Musikalisierung der Alltagswelt durch die verschiedensten Medien hingewiesen. All diese und zahlreiche andere Muster des zeitgenössischen Lebensstiles sind von den neuen Technologien abhängig. Es lohnt sich, die Absurditäten zu verfolgen, die teilweise mit der Idee einer Entwicklung der KI zu den eigentlichen rationalen Wesen verkoppelt werden. Mehr als der Verweis, sich nicht mit den Allmachtphantasien der KI um buchstäblichen Sinn dumm machen zu lassen, ist hier zum Schluss nicht möglich.

Dieses Kapitel lieferte keine Hitparade der Sozialcharaktere und Charaktermasken parallel zu den entscheidensten Entwicklungsstufen der kapitalistischen Gesellschaft. Anstöße und Anregungen für eine nähere Befassung mit dem Thema konnten jedoch – hoffentlich – gegeben werden.

Literatur

Th. W. Adorno: Studien zum autoritären Charakter, Frankfurt a. M. 1973.

Th. W. Adorno: Philosophische Terminologie I, Frankfurt a. M. 1973.

Th. W. Adorno: Negative Dialektik, Frankfurt a. M. 1975.

Th. W. Adorno: Soziologische Schriften I, Frankfurt a. M. 1979.

Th. W. Adorno: Einleitung in die Soziologie, Frankfurt a. M. 1993.

Th. W. Adorno: Aspekte des neuen Rechtsradikalismus. Ein Vortrag, Berlin 2019.

Aristoteles: Nikomachische Ethik (hrsg. v. F. Dirlmeier), Frankfurt a. M. 1957 ff.

Aristoteles: Politik. Schriften zur Staatstheorie, Stuttgart 1989.

W. Benjamin: Illuminationen. Ausgewählte Schriften, Frankfurt a. M. 1961.

H. Blumer: Social Problems as Collective Behavior, in: Social Problems, Vol. 18/3 1971.

P. Bourdieu: „Equisse d'une théorie de la pratique, précédé de trois études d'ethnologie kabyle". Deutsch: Entwurf einer Theorie der Praxis auf der ethnologischen Grundlage der kabylischen Gesellschaft, Frankfurt a. M. 1979.

P. Bourdieu: Die feinen Unterschiede. Kritik der gesellschaftlichen Urteilskraft, Frankfurt a. M. 1983.

P. Bourdieu: Ökonomisches Kapital, kulturelles Kapital, soziales Kapital, in: R. Kreckel (Hrsg.): Soziale Ungleichheiten, Soziale Welt, Göttingen 1983, S. 183 ff.

K. H. Brodbeck: Die Herrschaft des Geldes. Geschichte und Systematik, Darmstadt 2009.

W. Buckley (Hrsg.): Modern Systems Research for the Behavioral Scientist, Chicago 1968.

R. Dahrendorf: Homo Sociologicus. Ein Versuch zur Geschichte, Bedeutung und Kritik der Kategorie der Rolle, Köln/Opladen 1961.

E. Duesing: Intersubjektivität und Selbstbewusstsein. Behavioristische, phänomenologische und idealistische Begründungstheorie bei Mead, Fichte und Hegel, Köln 1986.

U. Eco: Kant und das Schnabeltier, München 2000.

J. Elster: Nuts and Bolts for the Social Sciences, Cambridge 1989.

J. Elster: Explaining Social Behavior. More Nuts and Bolts for the Social Sciences, Cambridge 2007.

F. Engels: Die Lage der arbeitenden Klasse in England, Berlin 2017.

Epikur: Briefe, Sprüche, Werkfragmente, Stuttgart 1980.

H. Esser: Soziologie. Allgemeine Grundlagen, Frankfurt a. M. / New York 1993.

J. G. Fichte: Grundlagen der gesamten Wissenschaftslehre, Hamburg 1956.

J. G. Fichte: Erste und zweite Einleitung in die Wissenschaftslehre, Hamburg 1961.

J. G. Fichte: Die Bestimmung des Menschen, Hamburg 1979.

J. G. Fichte: Grundlage des Naturrechts nach Prinzipien der Wissenschaftslehre, Hamburg 1979.

J. G. Fichte: Wissenschaftslehre nova methodo, Hamburg 1982.

M. Foucault: Von der Subversion des Wissens, Berlin/Wien 1978

M. Foucault: Sexualität und Wahrheit, 3 Bände, Frankfurt a. M. 1989.

M. Foucault: Was ist Kritik? Berlin 1992.

A. Freud: Das Ich und die Abwehrmechanismen, Frankfurt a. M. 1984.

S. Freud: Abriss der Psychoanalyse. Das Unbehagen in der Kultur, Frankfurt a. M. 1953 ff.

M. v. Freyhold: Autoritarismus und politische Apathie, Frankfurt a. M. 1971.

E. Fromm: Über Methode und Aufgabe einer analytischen Sozialpsychologie, in ZfS Doppelheft 1932.

E. Fromm et al.: Autorität und Familie, Paris 1936.

E. Fromm: Psychoanalyse und Ethik, Konstanz 1954.

E. Fromm: Die Furcht vor der Freiheit, München 1993.

J. Fulcher: Kapitalismus, Stuttgart 2007.

A. Giddens: Die Konstitution der Gesellschaft, Frankfurt a. M. / New York 1988.

E. Goffman: Wir alle spielen Theater. Die Selbstdarstellung im Alltag, München 2011.
I. Hacking: Was heißt ‚soziale Konstruktion'? Zur Konjunktur einer Kampfvokabel in den Wissenschaften, Frankfurt a. M. 1999.
G. W. F. Hegel: Jenaer Realphilosophie. Hamburg 1969.
G. W. F. Hegel: Werke in zwanzig Bänden, Frankfurt a. M. 1970.
P. B. Hill: Rational-Choice-Theorie, Bielefeld 2002.
M. Horkheimer: Gesammelte Schriften (hrsg. v. G. Schmid Noerr und A. Schmidt), Frankfurt a. M. ab 1987.
I. Kant: Werke in sechs Bänden (hrsg. v. W. Weischedel), Darmstadt 1964.
S. Karsz: Theorie und Politik: Louis Althusser, Frankfurt a. M. / Berlin / Wien 1974.
Th. Kesselring: Die Produktivität der Antinomie. Hegels Dialektik im Lichte der genetischen Erkenntnistheorie und der formalen Logik, Frankfurt a. M. 1984.
Chr. Lasch: The Culture of Narcissm. American Life in an Age of Diminishing Expectations, New York 1979 (Dt. 1980).
N. Luhmann: Gesellschaftsstruktur und Semantik. Studien zur Wissenssoziologie der modernen Gesellschaft, Band 2, Frankfurt a. M. 1981.
N. Luhmann: Soziale Systeme, Grundriss einer allgemeinen Theorie, Frankfurt a. M. 1984.
N. Luhmann: Die Gesellschaft der Gesellschaft, Frankfurt a. M. 1997.
K. Marx / F. Engels: Werke. MEW 23: Das Kapital, Berlin 1969.
G. H. Mead: Geist, Identität und Gesellschaft, Frankfurt a. M. 1968.
G. H. Mead: Philosophie der Sozialität (hrsg. v. H. Kellner), Frankfurt a. M. 1969.
Ovid: Metamorphosen. Stuttgart 2021.
T. Parsons / E. A. Shils: Toward A General Theory of Action, Harvard 1951.
T. Parsons: The Social System, New York 1964.
T. Parsons: The Structure of Social Action, Glencoe 1967.
K. R. Popper: Alles Leben ist Problemlösen. Über Erkenntnis, Geschichte und Politik, München 2001.
N. Rescher: Dialectics. A Classical Approach to Inquiry, Heusenstamm 2007.
M. Riedel: Materialien zu Hegels Rechtsphilosophie, Band 2, Frankfurt a. M. 1975.
D. Riesman et al.: Die einsame Masse. Eine Untersuchung der Wandlungen des amerikanischen Charakters, Hamburg 1958.
J. Ritsert: Sozialphilosophie und Gesellschaftstheorie, Münster 2004.
J. Ritsert: Zur Philosophie des Gesellschaftsbegriffs. Studien über eine undurchsichtige Kategorie, Weinheim / Basel 2017.
J. Ritsert: Was ist Dialektik? Über Antworten bei Th. W. Adorno, Vorlesungsskript (CD), Frankfurt a. M. 2023.
J. Searle: The Construction of Social Reality, New York 1995.
H. S. Simon: Homo rationalis. Die Vernunft im menschlichen Leben, Frankfurt a. M. 1993.
A. Smith: Untersuchung über das Wesen und die Ursachen des Volkswohlstandes (Der Wohlstand der Nationen), Frankfurt a. M. 2009.
W. Sombart: Der Bourgeois. Zur Geistesgeschichte des modernen Wirtschaftsmenschen, Reinbek bei Hamburg 1988.
H. Steinert / Chr. Resch: Kapitalismus. Portrait einer Produktionsweise, Münster 2009.
J. Vogl: Das Gespenst des Kapitals, Zürich 2010/2011.
M. Weber: Gesammelte Aufsätze zur Religionssoziologie, Tübingen 1920 ff.
M. Weber: Gesammelte Aufsätze zur Wissenschaftslehre, Tübingen 1922 ff.
M. Weber: Wirtschaft und Gesellschaft. Grundriss der verstehenden Soziologie, 2 Halbbände (hrsg. v. J. Winckelmann), Köln / Berlin 1956.

Endnoten

Kapitel 1

1 Aristoteles: Nikomachische Ethik (hrsg. v. F. Dirlmeier), Frankfurt a. M. 1957 ff., S. 42.
2 A.a.O., S, 68.
3 I. Kant: Über Pädagogik, in Werke in sechs Bänden (hrsg. v. W. Weischedel), Band VI, Darmstadt 1964, S. 741.
4 I. Kant: Anthropologie in pragmatischer Hinsicht, Werke Band VI, a. a. O., S. 633.
5 A.a.O., S. 741.
6 I. Kant: Kritik der praktischen Vernunft, Werke Band IV, a. a. O., S. 191. (Herv. i. Orig.); vgl. auch S. 210.
7 I. Kant: Grundlegung zur Metaphysik der Sitten, Werke Band IV, a. a. O., S. 18.
8 I. Kant: Anthropologie in pragmatischer Hinsicht, Werke Band VI, a. a. O., S. 625.
9 Ebd.
10 A.a.O., S. 634. (Herv. i. Orig.).
11 Vgl. I. Kant: Grundlegung zur Metaphysik der Sitten, Werke Band IV, a. a. O., S. 68.
12 I. Kant: Metaphysik der Sitten, Werke Band IV, a. a. O., S. 329.
13 Die Unterscheidung entstammt ursprünglich der Dissertation von Kant (1770) mit dem Titel: De mundi sensibilis atque intelligibilis forma et principiis = Von der Form der Sinnen- und Verstandeswelt und ihren Gründen. In Werke Band III, a. a. O., S. 12 ff.
14 I. Kant: Prolegomena zu einer jeden künftigen Metaphysik, die als Wissenschaft wird auftreten können, Werke Band III, a. a. O., § 34 (Anmerkung). (Herv. i. Orig.).
15 I. Kant: Kritik der reinen Vernunft, Werke Band II, a. a. O., S. 426 f.
16 G. W. F. Hegel: Werken in zwanzig Bänden (WW), Band 4, Frankfurt a. M. 1970, S. 204 (§ 2).
17 A.a.O., S. 206 (§ 9). (Herv. i. Orig.).
18 G. W. F. Hegel: Grundlinien der Philosophie des Rechts (1821,), WW 7, a. a. O. § 15.
19 Ausführlicher in J. Ritsert: Sozialphilosophie und Gesellschaftstheorie, Münster 2004, S. 104 ff.
20 I. Kant: Grundlegung zur Metaphysik der Sitten, a. a. O., S. 69.
21 G. W. F. Hegel: WW 3, S. 147. (Herv. i. Orig.).
22 G. W. F. Hegel: WW 4, a. a. O., S. 232 (§ 3).
23 A.a.O., S. 207 (§ 12). (Herv. i. Orig.).
24 G. W. F. Hegel: Werke 7, a. a. O., § 27. (Herv. i. Orig.).
25 G. W. F. Hegel: Werke 4, a. a. O., S. 224, § 18
26 A.a.O., S. 227, § 22.
27 G. W. F. Hegel: Grundlinien der Philosophie des Rechts, a. a. O., § 105. (Herv. i. Orig.); vgl. auch § 190, wo allerdings gesagt, im Rechtswesen sei der Gegenstand die *Person*.
28 G. W. F. Hegel: Vorlesung über die Ästhetik I und II (WW 13 und 14); vgl. WW 13, S. 306 ff.; vgl. auch WW 14, S. 92 und 197 ff.
29 G. W. F. Hegel: WW 13, a. a. O., S. 308.
30 A.a.O., S. 307.
31 G. W. F. Hegel: WW 14, S. 203.
32 K. Marx: Das Kapital (MEW 23), Vorwort zur ersten Auflage, S. 16 und MEW 23, S. 99.
33 A.a.O., S. 163.
34 A.a.O., S. 247.
35 A.a.O., S. 286.

36 P. Bourdieu: „Equisse d'une théorie de la pratique, précédé de trois études d'ethnologique kabyle". Deutsch P. Bourdieu: Entwurf einer Theorie der Praxis auf der ethnologischen Grundlage der kabylischen Gesellschaft, Frankfurt a. M. 1979.
37 P. Bourdieu: Die feinen Unterschiede. Kritik der gesellschaftlichen Urteilskraft, Frankfurt a. M. 1983; vgl. auch P. Bourdieu: Ökonomisches Kapital, kulturelles Kapital, soziales Kapital, in: R. Kreckel (Hrsg.): Soziale Ungleichheiten, Soziale Welt, Göttingen 1983, S. 183 ff.
38 Vgl. a. a. O., S. 143.
39 P. Bourdieu: Entwurf einer Theorie der Praxis, a. a. O., S. 140 f.
40 A.a.O., S. 139.
41 Vgl. K. Marx: Grundrisse zur Kritik der politischen Ökonomie (Rohentwurf), Frankfurt a. M. o. J. S. 77. Wahrscheinlich bedarf es tatsächlich eines „enormen Bewusstseins" breiter Gruppen der Bevölkerung, damit die Chancen auf Durchsetzung des objektiven Interesses der Menschheit gemehrt werden.
42 Bourdieu: Entwurf einer Theorie der Praxis, a. a. O., S. 140.
43 G. H. Mead: Geist, Identität und Gesellschaft, Frankfurt a. M. 1968, S. 56.
44 Bourdieu: Entwurf einer Theorie der Praxis, a. a. O., S. 146 ff.
45 A.a.O., S. 147.
46 Ebd. (Herv. i. Orig.).
47 A.a.O., S. 148.
48 A.a.O., S. 151.
49 A.a.O., S. 152.
50 A.a.O., S. 153.
51 A.a.O., S. 155.
52 A.a.O., S. 156. S.o. die Notiz zu Kontexterklärungen.
53 Im Abschnitt über „sinnliche Gewissheit" demonstriert Hegel die Variation des Wahrheitsgehaltes zeitindizierter Aussagen. „Jetzt ist die Nacht." Diese Aussage ist normalerweise um 12 Uhr mittags schlechthin falsch, um Mitternacht jedoch wahr.
54 P. Bourdieu: Entwurf einer Theorie der Praxis, a. a. O., S. 159.
55 Auf den Pfaden eines ähnlichen Vermittlungsversuches wandelt A. Giddens mit seiner Schrift über die Konstitution der Gesellschaft. A. Giddens: Die Konstitution der Gesellschaft, Frankfurt a. M. / New York 1988.
56 A.a.O., S. 164.
57 Ebd.
58 Ebd. (Herv. i. Orig.).
59 A.a.O., S. 165.
60 A.a.O., S. 166
61 Ebd.
62 A.a.O. S. 168.
63 A.a.O., S. 169.
64 Ein Prinzip, das Ordnung in das Vorgehen bringt.
65 A.a.O., S. 170.
66 A.a.O., S. 178.
67 N. Rescher: Dialectics. A Classical Approach to Inquiry, Heusenstamm 2007, S. 6.
68 P. Bourdieu: Entwurf einer Theorie der Praxis, a. a. O., S. 179
69 A.a.O., S. 186 f.

Kapitel 2

1 I. Kant: Anthropologie in pragmatischer Hinsicht, a. a. O., S. 399. (Herv. i. Orig.).
2 Ein „drittes Vergleichendes" gibt es nicht.

3 J. G. Fichte: Die Bestimmung des Menschen, Hamburg 1979, S. 5.
4 A.a.O., S. 8.
5 A.a.O., S. 15.
6 A.a.O., S. 18 f.
7 M. Foucault: Von der Subversion des Wissens, Frankfurt a. M. / Berlin / Wien 1978, S. 17 bzw. 16. Zum Beispiel in seinem Artikel „Was ist Kritik" liegen die Dinge später ganz anders. M. Foucault: Was ist Kritik?, Berlin 1992.
8 N. Luhmann: Gesellschaftsstruktur und Semantik. Studien zur Wissenssoziologie der modernen Gesellschaft, Band 2, Frankfurt a. M. 1981, S. 244.
9 J. G. Fichte: Die Bestimmung des Menschen, a. a. O., S. 20. (Herv. i. Orig.).
10 A.a.O., S. 27.
11 A.a.O., S.
12 A.a.O., S. 84.
13 A.a.O., S. 85. (Herv. i. Orig.).
14 Ebd.
15 A.a.O., S. 86.
16 I. Kant: Kritik der reinen Vernunft, Werke Band II, a. a. O., S. 314.
17 Dabei geht es um Etwas, was die oberste Bedingung der Möglichkeit alles Denkbaren darstellt. Gott gilt dann als das Wesen aller Wesenheiten und seine Existenz kann durch Gottesbeweise begründet werden.
18 I. Kant: Prolegomena zu einer jeden künftigen Metaphysik, die als Wissenschaft wird auftreten können, Werke Band III, a. a. O., S. 189 (§ 36). (Herv. i. Orig.).
19 I. Kant: Prolegomena zu einer zukünftigen Metaphysik, die als Wissenschaft wird auftreten können, a. a. O., S. 172 (§ 23).
20 I. Kant: Kritik der reinen Vernunft, a. a. O., S. 226 (2. Analogie). (Herv. i. Orig.).
21 A.a.O., S. 189 (§ 36).
22 Th. Kesselring: Die Produktivität der Antinomie. Hegels Dialektik im Lichte der genetischen Erkenntnistheorie und der formalen Logik, Frankfurt a. M. 1984, S. 98. (Herv. i. Orig.).
23 A.a.O., S. 105.

Kapitel 3

1 Vgl. S. Freud: Abriss der Psychoanalyse. Das Unbehagen in der Kultur, Frankfurt a. M. 1953 ff., Neuntes Kapitel, S. 84 ff.
2 A.a.O., S. 10.
3 Ebd.
4 A.a.O., S. 77.
5 A.a.O., S. 85. (Herv. i. Orig.).
6 A.a.O., S. 40.
7 A.a.O., S. 85.
8 A.a.O., S. 12.
9 A.a.O., S. 9.
10 Epikur: Brief an Meneukois, in: Epikur: Briefe, Sprüche, Werkfragmente, Stuttgart 1980, S. 47.
11 I. Kant: Grundlegung zur Metaphysik der Sitten, a. a. O., S. 32.
12 I. Kant: Kritik der praktischen Vernunft, a. a. O., S, 133.
13 Vgl. a. a. O., S. 175.
14 A.a.O., S. 217. (Herv. i. Orig.).
15 I. Kant: Metaphysik der Sitten, a. a. O., S. 316. (Herv. i. Orig.).
16 Aristoteles: Politik, München 1981, S. 58. *Oikos* bedeutet im Griechischen die *Hausgemeinschaft* und Produktionszelle des antiken Wirtschaftens. Bei den Römern entspricht dem die *villa*.

17 A.a.O., S. 60.
18 J. Elster: Nuts and Bolts For The Social Sciences, Cambridge 1989, S. 22.
19 H. A. Simon: Homo rationalis. Die Vernunft im menschlichen Leben, Frankfurt a. M. 1993, S. 23.
20 Ich habe verschiedentlich zu zeigen versucht, dass eine Systematisierung der Argumente, die G. H. Mead als „Sozialbehaviorismus“ vorträgt, einen sehr tragfähigen Weg zur Vermittlung von Bestimmung und Selbstbestimmung abstecken. S. zuletzt den Abschnitt über Mead in St. Müller / J. Ritsert: Gesellschaft und Individuum (in Vorb.); vgl. auch: R. Jenkins: Social Identity, London und New York 1996.
21 M. Weber: Wirtschaft und Gesellschaft. Grundriss der verstehenden Soziologie, 2 Halbbände (hrsg. v. J. Winckelmann), Köln / Berlin 1956, S. 3 (§ 1).
22 A.a.O., S. 16.
23 A. Freud: Das Ich und die Abwehrmechanismen (Wien 1936), Frankfurt a. M. 1984. A. Freud: Das Ich und die Abwehrmechanismen (Wien 1936), Frankfurt a. M. 1984.
24 Th. W. Adorno, Else Frenkel-Brunswik, D. J. Levinson, R. Nevitt Sanford: The Authoritarian Personality, New York 1950 (Th. W. Adorno: Studien zum autoritären Charakter, Frankfurt a. M. 1973). Darstellung im Ausgang von J. Ritsert: Theodor W. Adorno – Zentrale Motive seines Denkens, Frankfurt a. M. 2019, S. 114 ff.
25 W. Benjamin: Geschichtsphilosophische Thesen, in ders.: Illuminationen. Ausgewählte Schriften, Frankfurt a. M. 1961, S. 271 f.
26 Th. W. Adorno: Studien zum autoritären Charakter, a. a. O., S. 1.
27 A.a.O., S. 3.
28 A.a.O., S. 303 ff.
29 A.a.O., S. 81.
30 S. Freud: Massenpsychologie und Ich-Analyse, Hamburg 2017.
31 M. v. Freyhold hat in ihrer den Versuch gemacht die F-Skala als A-Skala zeitgerecht zu reformulieren. M. v. Freyhold: Autoritarismus und politische Apathie, Frankfurt a. M. 1971,
32 Th. W. Adorno: Aspekte des neuen Rechtsradikalismus. Ein Vortrag, Berlin 2019
33 A.a.O., S. 14.
34 A.a.O., S. 18.
35 A.a.O., S. 36.
36 A.a.O., S. 50.
37 A.a.O., S. 42.
38 E. Fromm, M. Horkheimer, H. Mayer, H. Marcuse et al.: Autorität und Familie, Paris 1936, S. 77 ff.
39 E. Fromm: Über Methode und Aufgabe einer analytischen Sozialpsychologie, ZfS Doppelheft ½ 1932, S. 47.
40 A.a.O., S. 28.
41 A.a.O., S. 34.
42 A.a.O., S. 40. (Herv. i. Orig.).
43 A.a.O., S. 40. (Herv. i. Orig.).
44 E. Fromm in „Autorität und Familie“, a. a. O., S. 79 f.
45 E. Fromm: Die psychoanalytische Charakterologie und ihre Bedeutung für die Sozialpsychologie, a. a. O., S. 269.
46 E. Fromm in „Autorität und Familie“, a. a. O., S. 115.
47 A.a.O., S: 117.
48 Vgl. E. Fromm: Die Furcht vor der Freiheit,
49 Im Anschluss an J. Ritsert: Th. W. Adorno – Zentrale Motive seines Denkens, a. a. O., S. 107 ff.
50 Johannes Buridan (1300–1358) war ein Philosoph der mittelalterlichen katholischen Scholastik. Er lehrte an der Pariser Universität und vertrat im Universalienstreit eine nominalistische Position.

51 E. Fromm: Psychoanalyse und Ethik, Konstanz 1954, S. 35.
52 A.a.O., S. 36.

Kapitel 4

1 E. Goffman: Wir alle spielen Theater. Die Selbstdarstellung im Alltag, München 2011.
2 R. Dahrendorf: Homo Sociologicus. Ein Versuch zu Geschichte, Bedeutung und Kritik der Kategorie der Rolle, Köln und Opladen 1961, S. 25 ff.
3 A.a.O., S. 22.
4 E. Goffman: Wir alle spielen Theater, a. a. O., S. 19.
5 A.a.O., S. 17.
6 Vgl. a. a. O., S. 19.
7 A.a.O., S. 55.
8 R. Dahrendorf: Homo Sociologicus, a. a. O., a. a. O., S. 9.
9 A.a.O., S. 17. (Herv. i. Orig.).
10 A.a.O., S. 28.
11 A.a.O., S. 41.
12 Ebd.
13 A.a.O., S. 59.
14 A.a.O., S. 61.
15 Dieses Thema hat mich schon in meiner Dissertation beschäftigt und – zusammen mit der Frage, wie eine *dialektische* Vermittlung zwischen Thesis und Antithesis der 3. Antinomie von Kant aussehen könnte – seitdem nicht mehr losgelassen; vgl. J. Ritsert: Handlungstheorie und Freiheitsantinomie, Berlin 1966.
16 R. Dahrendorf: Homo Sociologicus, a. a. O., S, 61.
17 A.a.O., S. 64.
18 Vgl. a. a. O., S. 69.
19 G. H. Mead: Philosophie der Sozialität (hrsg. v. H. Kellner), Frankfurt a. M. 1969, S. 88 f.
20 A.a.O., S. 91.
21 A.a.O., S. 94.
22 I. Hacking: Was heißt ‚soziale Konstruktion'? Zur Konjunktur einer Kampfvokabel in den Wissenschaften, Frankfurt a. M. 1999, S. 46.
23 A.a.O., S. 45.
24 U. Eco: Kant und das Schnabeltier, München 2000, S. 49.
25 K. R. Popper: Alles Leben ist Problemlösen. Über Erkenntnis, Geschichte und Politik, 6. Auflage von 2001.
26 A.a.O., S. 256.
27 H. Blumer: Social Problems as Collective Behavior, in: Social Problems, Vol. 18/3 1971, S. 298 ff.
28 A.a.O., S. 298.
29 Ebd.
30 Ebd.
31 Ebd.
32 Ebd.

Kapitel 5

1 Th. W. Adorno: Soziologische Schriften 1, Frankfurt a. M. 1979, S. 67.
2 Aristoteles: Politik. Schriften zur Staatstheorie, Stuttgart 1889, S. 78 (1252b).
3 A.a.O., S. 79 (1253a).

4 A.a.O., S. 108 1261a).
5 A.a.O., S. 101 (1259b).
6 A.a.O., S. 82 (1254a)
7 A. Smith: Untersuchung über das Wesen und die Ursachen des Volkswohlstandes (Der Wohlstand der Nationen), Frankfurt a. M. 2009, S. 59.
8 I. Kant: Grundlegung zur Metaphysik der Sitten, a. a. O., S. 59. (Herv. i. Orig.).
9 A.a.O., S. 69. (Herv. i. Orig.).
10 A.a.O., S. 81. (Herv. i. Orig.).
11 A.a.O., S. 61. (Herv. i. Orig.).
12 G. W. F. Hegel: Phänomenologie des Geistes, Werke in Zwanzig Bänden, Band 3, Frankfurt a. M. 1970, S. 144. (Herv. i. Orig.).
13 A.a.O., S. 147. (Herv. i. Orig.).
14 G. W. F. Hegel: Grundlinien der Philosophie des Rechts, WW 7, §27, S. 79.
15 I. Kant: Grundlegung zur Metaphysik der Sitten, a. a. O., S. 18.
16 A.a.O., S. 25. (Herv. i. Orig.).
17 I. Kant: Kritik der praktischen Vernunft, a. a. O., S. 133.
18 A.a.O., S. 217. (Herv. i. Orig.).
19 G. W. F. Hegel: Nürnberger und Heidelberger Schriften 1808–1817, Werke (WW), Band 4, Frankfurt a. M. 1970, S. 228.
20 G. W. F. Hegel: Grundlinien der Philosophie des Rechts, WW 7/§3, S. 36.
21 I. Kant: Anthropologie in pragmatischer Hinsicht, Werke Band VI, a. a. O., S. 399.
22 G. W. F. Hegel: Nürnberger und Heidelberger Schriften, a. a. O., S. 227.
23 I. Kant: Über Pädagogik, Werke, Band 6, a. a. O., S. 699.
24 A.a.O., S. 766 ff.
25 I. Kant: Grundlegung zur Metaphysik der Sitten, a. a. O., S. 66. (Herv. i. Orig.).
26 A.a.O., S. 72.
27 I. Kant: Über Pädagogik, a. a. O., S. 701.
28 G. W. F. Hegel: Nürnberger und Heidelberger Schriften, WW 4, a. a. O., S. 250.
29 A.a.O., S. 52
30 I. Kant: Anthropologie in pragmatischer Hinsicht, a. a. O., S. 605.
31 Aristoteles: Nikomachische Ethik (hrsg. v. F. Dirlmeier), Frankfurt a. M. 1957 ff., S. 118 f.
32 Vgl. dazu ausführlicher J. Ritsert: Klassische Philosophie der Interaktion. Materialien zur Kritischen Theorie der Gesellschaft, Sonderban VII, S. 23 ff.
33 I. Kant: Kritik der reinen Vernunft, Werke II, a. a. O., S. 136.
34 I. Kant: Anthropologie in pragmatischer Hinsicht, Werke VI, a. a. O., S. 407.
35 J. G. Fichte: Erste und zweite Einleitung in die Wissenschaftslehre Hamburg 1961, S. 49 f. (Herv. i. Orig.).
36 J. G. Fichte: Grundlagen der gesamten Wissenschaftslehre (1794), Hamburg 1956 ff., S. 18. (Herv. i. Orig.).
37 J. G. Fichte: Grundlage der gesamten Wissenschaftslehre, a. a. O., S. 21. (Herv. i. Orig.).
38 J. G. Fichte: Wissenschaftslehre nova methodo, Hamburg 1982, S, 38.
39 J. G. Fichte: Erste und zweite Einleitung in die Wissenschaftslehre, a. a. O., S. 82. (Herv. i. Orig.).
40 J. G. Fichte: Grundlage der gesamten Wissenschaftslehre, a. a. O., S. 28.
41 A.a.O., S. 23.
42 J. G. Fichte: Wissenschaftslehre nova methodo, a. a. O., S. 42.
43 A.a.O., S. 62.
44 A.a.O., S. 38 und S. 69.
45 E. Düsing: Intersubjektivität und Selbstbewusstsein. Behavioristische, phänomenologische und idealistische Begründungstheorie bei Mead, Fichte und Hegel, Köln 1986, S. 266.

46 J. G. Fichte: Grundlage des Naturrechts nach Prinzipien der Wissenschaftslehre, Hamburg 1979, S. 17. (Herv. i. Orig.).
47 A.a.O., S. 30. (Herv. i. Orig.).
48 Ebd.
49 A.a.O., S. 32.
50 U. Eco: Kant und das Schnabeltier, München 2000, S. 71.
51 J. G. Fichte: Grundlage des Naturrechts, a. a. O., S. 32.
52 A.a.O., S. 33.
53 Fichte hat es in seiner Schrift *Die Bestimmung des Menschen* (Hamburg 1979) ausgeführt
54 J. G. Fichte: Grundlage des Naturrechts, a. a. O., S. 80.
55 F. Nietzsche: Schriften aus dem Nachlass von 1884.
56 J. G. Fichte: Grundlage des Naturrechts, a. a. O., S. 17. (Herv. i. Orig.).
57 A.a.O., S. 22. (Herv. i. Orig.).
58 A.a.O., S. 18.
59 A.a.O., S. 20.
60 A.a.O., S. 18.
61 A.a.O., S. 25.
62 A.a.O., S. 30. (Herv. i. Orig.).
63 A.a.O., S. 33. (Herv. i. Orig.).
64 A.a.O., S. 39
65 A.a.O., S. 30 f.
66 A.a.O., S. 33.
67 A.a.O., S. 36.
68 Ebd.
69 I. Kant: Grundlegung zur Metaphysik der Sitten, Werke (hrsg. v. W. Weischedel), a. a. O., S. 61. (Herv. i. Orig.).
70 J. G. Fichte: Grundlage des Naturrechts, a. a. O., S. 39.
71 A.a.O., S. 43 f.
72 A.a.O., S. 42.
73 A.a.O., S. 42 und 41.
74 A.a.O., S.
75 I. Kant: Metaphysik der Sitten, a. a. O., S. 337.
76 J. G. Fichte: Grundlage des Naturrechts, a. a. O., S. 52. (Herv. i. Orig.).
77 Kant: Metaphysik der Sitten, a. a. O., S. 338. In dieser Aussage steckt die berühmte Kantische Unterscheidung zwischen Legalität und Moralität. Sie zielt auf das äußerliche Zusammenstimmen der willkürlichen Handlungen (Legalität), gleichgültig welche moralische Gesinnung dahintersteht (Moralität). Zugleich wird der Unterschied zwischen „Freiheit der Willkür" und „Autonomie" deutlich. Autonomie setzt die Haltung, die Gesinnung der Achtung des freien Willens der anderen Individuen und damit ihrer Würde als Subjekt voraus.
78 J. G. Fichte: Grundlage des Naturrechts, a. a. O., S. 55
79 A.a.O., S. 44 und S. 45.

Kapitel 6

1 M. Weber: Gesammelte Aufsätze zur Wissenschaftslehre, Tübingen 1922 ff., S. 149.
2 M. Weber: Wirtschaft und Gesellschaft. Grundriss der verstehenden Soziologie, Köln / Berlin 1956, S. 3.
3 A.a.O., S. 5.
4 I. Kant: Grundlegung zur Metaphysik der Sitten, Werke IV, a. a. O., S. 43.
5 A.a.O., S. 44.

6 M. Weber: Gesammelte Aufsätze zur Wissenschaftslehre, a. a. O., S. 517.
7 Vgl. K. R. Popper: Alles Leben ist Problemlösen. Über Erkenntnis, Geschichte und Politik, München 1996 ff.
8 Vgl. H. A. Simon: Homo rationalis. Die Vernunft im menschlichen Leben, Frankfurt a. M. 1993.
9 H. Esser: Soziologie. Allgemeine Grundlagen, Frankfurt a. M. / New York 1993, S. 41.
10 P. B. Hill: Rational-Choice-Theorie, Bielefeld 2002, S. 47. (Herv. v. J. R.).
11 J. Elster: Nuts And Bolts For The Social Sciences, New York 1989, S, 28.
12 Daher zeigt es sich auch für J. Elster, dass „optimale Anpassung eine Ausnahme, anstatt der Regel bilden wird", a. a. O., S. 81.
13 J. Elster: Explaining Social Behavior. More Nuts And Bolts For The Social Sciences, Cambridge 2007, S. 193.
14 J. Elster: Nuts and Bolts For the Social Sciences, a. a. O., S. 28.
15 A.a.O., S. 35.
16 Vgl. a. a. O., S. 52 f.
17 J. Elster: More Nuts And Bolts, For The Social Sciences 2007, S. 95
18 J. R. Searle: The Construction Of Social Reality, New York 1995, S. 23. (Herv. i. Orig.).
19 M. Horkheimer: Zur Kritik der instrumentellen Vernunft, in: Gesammelte Schriften (hrsg. v. A. Schmidt), Band 6, S. 21 ff.; vgl. auch J. Ritsert: Summa Dialectica, a. a. O., S. 204.
20 M. Horkheimer: Zur Kritik der instrumentellen Vernunft, a. a. O., S. 27.
21 Ebd.
22 Ebd.
23 H. Simon: Homo Rationalis, a. a. O., S. 15.
24 M. Horkheimer: Zur Kritik der instrumentellen Vernunft, a. a. O., S. 16.
25 A.a.O., S. 60.
26 H. Simon: Homo Rationalis, a. a. O., S. H. Simon: Homo Rationalis, a. a. O., S. 11.
27 J. Elster: Nuts And Bolts For The Social Sciences, a. a. O., S. 101
28 Ebd.
29 J. Elster: Explaining Social Behavior. More Nuts and Bolts For The Social Sciences, a. a. O., S. 191.
30 J. Elster: Nuts And Bolts For The Social Sciences, a. a. O., S. 22.
31 J. Elster: Explaining Social Behavior, a. a. O., S. 191
32 H. Simon: Homo rationalis, a. a. O., S. 23.
33 Vgl. J. Elster: Nuts And Bolts For The Social Sciences 1989, S. 30 ff.
34 A.a.O., S. 37.
35 M. Weber: Wirtschaft und Gesellschaft, 1. Halbband, S. 5.
36 H. Simon: Homo Rationalis, a. a. O., S. 41.
37 A.a.O., S. 85.

Kapitel 7

1 Im Anschluss an J. Ritsert: Zur Philosophie des Gesellschaftsbegriffs. Studien über eine undurchsichtige Kategorie, Weinheim / Basel 2017, S. 245 ff.
2 M. T. Cicero: De re publica. Vom Gemeinwesen, Stuttgart 1979, S. 145.
3 G. W. F. Hegel: Grundlinien der Philosophie des Rechts (1821), WW 7, Frankfurt a. M. 1970, § 182 ff., S. 339 ff.; vgl. dazu M. Riedel: Hegels Begriff der bürgerlichen Gesellschaft und das Problem seines geschichtlichen Ursprungs, in: Materialien zu Hegels Rechtsphilosophie, Band 2, Frankfurt a. M. 1975, S. 247 ff.
4 G. W. F. Hegel: Jenaer Realphilosophie, Hamburg 1969, S. 215. Hervorhebungen, auch bei den Zitaten aus der „Rechtsphilosophie" im Original.
5 „Lohnarbeit und Kapital" in: K. Marx: Ausgewählte Schriften I, Berlin 1963, S. 67 ff.
6 A.a.O., S. 76. (Herv. i. Orig.).

7 A.a.O., S. 77. (Herv. i. Orig.).
8 Ebd. (Herv. i. Orig.).
9 A.a.O., S. 78. (Herv. i. Orig.).
10 M. Weber: Die protestantische Ethik und der Geist des Kapitalismus, in ders.: Gesammelte Aufsätze zur Religionssoziologie, Tübingen 1920 ff., S. 4 ff.
11 A.a.O., S. 4.
12 Ebd. (Herv. i. Orig.).
13 A.a.O., S. 6. (Herv. i. Orig.).
14 A.a.O., S. 7. (Herv. i. Orig.).
15 A.a.O., S. 10. (Herv. i. Orig.).
16 H. Steinert/Chr. Resch: Kapitalismus. Porträt einer Produktionsweise, Münster 2009, S. 64 ff.
17 J. Vogl: Das Gespenst des Kapitals, Zürich 2010/2011, S. 31.
18 J. Fulcher: Kapitalismus, Stuttgart 2007, S. 23 ff.
19 Th. W. Adorno: Einleitung in die Soziologie, Frankfurt a. M. 1993, S. 45 f.
20 Vgl. F. Engels: Die Lage der arbeitenden Klasse in England, Berlin oder E. P. Thompson: The Making Of The English Working Class, London 2012.
21 W. Sombart: Der Bourgeois. Zur Geistesgeschichte des modernen Wirtschaftsmenschen, Reinbek b. Hamburg 1988, S. 12.
22 A.a.O., S. 15.
23 Die drei prägenden Methoden der Idealtypenbildung sind 1. Abstraktion. 2. Pointierungen (Gedanken über die Grenzen bisheriger empirischer Beobachtungen hinaus zuspitzen). 3. Idealisierung (kontrafaktische Annahmen). Das Ziel ist 4. die historische Eigenart und Einzigartigkeit einer sozialen Tatsache herauszuarbeiten.
24 W. Sombart: Der moderne Kapitalismus. 3 Bände, Band I, München 1987, S. 328.
25 Vgl. W. Sombart: Der Bourgeois, a. a. O., S. 178,
26 A.a.O., S. 152.
27 A.a.O., S. 154.
28 A.a.O., S. 170.
29 A.a.O., S. 183.
30 Ebd.
31 E. Fromm: Die Furcht vor der Freiheit (1941), München 1993, Vorwort.
32 A.a.O., S. 22 f.
33 A.a.O., S. 32 f.
34 A.a.O., S. 80.
35 Th. W. Adorno: Negative Dialektik, Frankfurt a. M. 1975, S. 130.
36 E. Fromm: Die Furcht vor der Freiheit, a. a. O., S. 94.
37 A.a.O., S. 98.
38 Vgl. a. a. O., S. 107.
39 Vgl. a. a. O., S. 123 ff.
40 A.a.O., S. 125 f.
41 A.a.O., S. 126.
42 A.a.O., S. 129.
43 A.a.O., S. 137 f.
44 A.a.O., S. 174.
45 D. Riesman, R. Denney, N. Glazer: Die einsame Masse. Eine Untersuchung der Wandlungen des amerikanischen Charakters, Hamburg 1958.
46 Vgl. a. a. O., S. 25.
47 A.a.O., S. 28.
48 A.a.O., S. 29.
49 A.a.O., S. 30.
50 A.a.O., S. 31. (Herv. i. Orig.).

51 A.a.O., S. 32.
52 Ebd.
53 A.a.O., S. 33.
54 Hinter diesen Einteilungen steht das Drei-Phasenmodell von Jean Fourastié (1907–1999), die Annahme einer Entwicklung vom primären (landwirtschaftlichen) Sektor, über den Industriesektor hin zum „tertiären“, dem dann dominierenden Dienstleistungssektor.
55 A.a.O., S. 37.
56 A.a.O., S. 38. (Herv. i. Orig.).
57 A.a.O., S. 253.
58 Ebd.
59 A.a.O., S. 254.
60 A.a.O., S. 193.
61 A.a.O., S. 197.P
62 Ovid: Metamorphosen Buch III. Der Marmor stammt von der Insel Paros.
63 „Die Sorge um sich selbst“, so lautet der Titel von Band III der Schrift von M. Foucault über „Sexualität und Wahrheit“, Frankfurt a. M. 1989.
64 Chr. Lasch: The Culture of Narcissm. American Life in an Age of Diminishing Expectations, New York 1979 (dt. „Das Zeitalter des Narzissmus, München 1980.
65 Th. W. Adorno: Soziologische Schriften I, a. a. O., S. 72.
66 A.a.O., S. 71.
67 Ebd.
68 A.a.O., S. 72.
69 A.a.O., S. 73.
70 Chr. Lasch: Das Zeitalter des Narzissmus, a. a. O., S. 21.
71 A.a.O., S. 85.
72 R. Sennett: Der flexible Mensch. Die neue Kultur des Kapitalismus, Darmstadt 1998.
73 A.a.O., S. 10.
74 A.a.O., S. 12.
75 A.a.O., S. 29.
76 A.a.O., S. 31.
77 A.a.O., S. 80.
78 A.a.O., S. 128.
79 A.a.O., S. 198.
80 A.a.O., S. 201.
81 A.a.O., S. 200.
82 Th. W. Adorno: Philosophische Terminologie I, Frankfurt a. M. 1973, S. 207.
83 MEW 23, S. 168.
84 K. H. Brodbeck: Die Herrschaft des Geldes. Geschichte und Systematik, Darmstadt 2009, S. 893 (Herv. i. Orig.).